RETRATOS DA FORMAÇÃO, QUALIFICAÇÃO PROFISSIONAL E INSERÇÃO NO MERCADO DE TRABALHO FORMAL:

O PRIMEIRO EMPREGO DO JOVEM COM DEFICIÊNCIA INTELECTUAL

Editora Appris Ltda.
1.ª Edição - Copyright© 2024 dos autores
Direitos de Edição Reservados à Editora Appris Ltda.

Nenhuma parte desta obra poderá ser utilizada indevidamente, sem estar de acordo com a Lei nº 9.610/98. Se incorreções forem encontradas, serão de exclusiva responsabilidade de seus organizadores. Foi realizado o Depósito Legal na Fundação Biblioteca Nacional, de acordo com as Leis nºs 10.994, de 14/12/2004, e 12.192, de 14/01/2010.

Catalogação na Fonte
Elaborado por: Josefina A. S. Guedes
Bibliotecária CRB 9/870

S237r
2024
	Santos, Michele Paitra Alves dos
	    Retratos da formação, qualificação profissional e inserção no mercado de trabalho formal: o primeiro emprego do jovem com deficiência intelectual / Michele Paitra Alves dos Santos. – 1. ed. – Curitiba: Appris, 2024.
	    149 p. ; 23 cm.
	
	    Inclui referências
	    ISBN 978-65-250-5520-6
	
	    1. Sociologia do trabalho. 2. Educação – Sociologia. 3. Pessoas com deficiência. I. Título.
	
	                                                                    CDD – 306.36

Livro de acordo com a normalização técnica da ABNT

Appris editora

Editora e Livraria Appris Ltda.
Av. Manoel Ribas, 2265 – Mercês
Curitiba/PR – CEP: 80810-002
Tel. (41) 3156 - 4731
www.editoraappris.com.br

Printed in Brazil
Impresso no Brasil

Michele Paitra Alves dos Santos

RETRATOS DA FORMAÇÃO, QUALIFICAÇÃO PROFISSIONAL E INSERÇÃO NO MERCADO DE TRABALHO FORMAL:

O PRIMEIRO EMPREGO DO JOVEM COM DEFICIÊNCIA INTELECTUAL

FICHA TÉCNICA

EDITORIAL
Augusto Coelho
Sara C. de Andrade Coelho

COMITÊ EDITORIAL
Ana El Achkar (UNIVERSO/RJ)
Andréa Barbosa Gouveia (UFPR)
Conrado Moreira Mendes (PUC-MG)
Eliete Correia dos Santos (UEPB)
Fabiano Santos (UERJ/IESP)
Francinete Fernandes de Sousa (UEPB)
Francisco Carlos Duarte (PUCPR)
Francisco de Assis (Fiam-Faam, SP, Brasil)
Jacques de Lima Ferreira (UP)
Juliana Reichert Assunção Tonelli (UEL)
Maria Aparecida Barbosa (USP)
Maria Helena Zamora (PUC-Rio)
Maria Margarida de Andrade (Umack)
Marilda Aparecida Behrens (PUCPR)
Marli Caetano
Roque Ismael da Costa Güllich (UFFS)
Toni Reis (UFPR)
Valdomiro de Oliveira (UFPR)
Valério Brusamolin (IFPR)

SUPERVISOR DA PRODUÇÃO
Renata Cristina Lopes Miccelli

PRODUÇÃO EDITORIAL
Renata Cristina Lopes Miccelli

REVISÃO
Isabel Tomaselli Borba

DIAGRAMAÇÃO
Maria Vitória Ribeiro Kosake

CAPA
Carlos Pereira

A Deus, muito presente em minha vida, e à minha mãe, Elizabeth do Rocio Paitra, pelo amor e incentivo constantes em todas as minhas conquistas.

AGRADECIMENTOS

Agradeço a minha orientadora, a Prof.ª Dr.ª Benilde Maria Lenzi Motim, pelo apoio incondicional, pela leitura sempre atenta do texto e pelas sugestões.

Também agradeço a todas as instituições e seus profissionais que colaboraram com a pesquisa por meio de documentos e entrevistas, como a Secretaria Municipal de Educação de Curitiba (SME) e aos profissionais e estudantes e jovens com deficiência intelectual das três escolas especiais municipais[1]. A Secretaria Municipal do Trabalho atualmente faz parte da Fundação de Ação Social de Curitiba (FAS), a Secretaria Especial de Direitos da Pessoa com Deficiência, que foi absorvida como departamento pela Secretaria do Governo Municipal (SGM). As empresas da rede de supermercados e a fábrica de computadores, pela atenção, disponibilidade de visitas e entrevistas.

Aos professores do mestrado em Sociologia da Universidade Federal do Paraná (UFPR), pela vocação pela pesquisa e conhecimento sociológico. Agradeço à professora Silvia Maria de Araújo, que acreditou no potencial da pesquisa e foi cordial, atenciosa e enriqueceu o meu trabalho com suas relevantes considerações de um olhar atento de socióloga. À professora Marlene Tamanini, que acreditou no meu potencial como pesquisadora, na minha vontade em crescer desde o início e me abriu as portas ao universo acadêmico do mestrado. Em memória ao meu amigo Bruno Zavataro, que sempre me incentivou a publicar este material.

Agradeço aos meus pais, Elizabeth do Rocio Paitra e João Roberto Alves dos Santos, pelo amor incondicional, incentivo e reconhecimento do meu trabalho. A Deus, pelo dom da vida, da sabedoria e da ciência, porque sem Ele nada disso seria possível.

---

[1] Escola Municipal de Educação Especial Helena Wladimirna Antipoff, Escola Municipal de Educação Especial Ali Bark, Escola Municipal de Educação Especial Tomaz Edison de Andrade Vieira.

PREFÁCIO

Michele Paitra Alves dos Santos é cientista social e mestre em Sociologia pela UFPR (2011), onde realizou pesquisas na área de Sociologia do Trabalho, sob minha orientação. Fez parte do Grupo de Estudos Trabalho e Sociedade (Gets/UFPR). É formada também em Pedagogia pela PUC-PR. Essa dupla formação acadêmica e sua atuação profissional como pedagoga permitiram que ela se dedicasse à área educacional e sociológica e desenvolvesse a pesquisa, cujos resultados são apresentados neste livro.

A riqueza e a originalidade desta pesquisa de mestrado revelam-se no seu percurso, quando a autora contempla e transita entre estas duas áreas: Sociologia e Pedagogia. Esse movimento interdisciplinar se revela no texto, fruto de sua experiência profissional, ligada ao ensino de pessoas com deficiência. Além disso, trabalhou assessorando professores e outros profissionais da área de educação, no sentido de procurar formar e profissionalizar jovens com deficiência intelectual, visando inseri-los no ensino convencional e no mercado de trabalho formal.

O foco da pesquisa foi a análise da inserção profissional dos jovens com deficiência intelectual no mercado de trabalho. Para tal, a autora passa pela análise da formação e qualificação profissional em Curitiba e mostra as barreiras e entraves que esses trabalhadores encontram para conseguirem empregos e se manterem empregados.

A autora traz para o debate os clássicos da Sociologia, Marx (2008) e Durkheim (1999, 2008), ao discutir a divisão do trabalho. Apoia-se também em Braverman (1981), ao tratar de questões acerca da qualificação. Considerando as especificidades do objeto de estudo — jovens trabalhadores com deficiência intelectual no mercado de trabalho — Michele Paitra Alves dos Santos busca suporte também nos conceitos de exclusão, de Castel (2008) e de estigma, de Goffman (2008).

O contexto em que a pesquisa se desenvolveu foi o do Brasil, da primeira década dos anos 2000, dispondo de dados referentes a duas décadas (1990 a 2010). Período em que se discute conceitos de inclusão, exclusão, igualdade de gênero, igualdade de direitos, políticas afirmativas e combate-se todos os tipos de preconceitos.

A autora passa também pela discussão da Lei de Cotas. Neste caso, cotas para a inserção de pessoas com deficiência no mercado de trabalho formal, mostrando suas vantagens, mas também suas inconsistências quando se trata de sua efetividade em contribuir para que esses jovens permaneçam no emprego. Para essa discussão, Michele traz alguns dos autores da Sociologia do Trabalho. Entre eles, Cattani (2002, 2005, 2006), Dal Rosso e Fortes (2008), Antunes (2002), entre outros.

A pesquisa fundamenta-se em dados e entrevistas realizadas com representantes e funcionários das Secretarias: da Educação, do Trabalho e Emprego, do Direito da Pessoa com Deficiência e da Ação Social. A autora considerou ainda dados e informações obtidas em três Escolas Especiais de Curitiba e em duas empresas, que empregavam pessoas com deficiência intelectual.

O livro nos permite ainda desvendar alguns preconceitos que persistem quanto às habilidades e competências desses trabalhadores em assumir ou realizar seu trabalho. A pesquisa da Michele Paitra Alves dos Santos vem enriquecer esse debate e mostrar essa realidade, desconhecida por boa parte da sociedade, permitindo assim desmistificar algumas das inconsistências que dificultam a esses trabalhadores obter melhores postos de trabalho.

Benilde Maria Lenzi Motim

Departamento de Sociologia da Universidade Federal do Paraná

APRESENTAÇÃO

O livro é o resultado da dissertação de mestrado realizado no Programa de Pós-Graduação em Sociologia da Universidade Federal do Paraná (UFPR)[2], com a análise do tema da formação e qualificação profissional do jovem com deficiência intelectual[3] e sua inserção no mercado de trabalho de 1990 a 2010, sendo a pesquisa amparada por autores clássicos e contemporâneos da Sociologia do Trabalho e desenvolvida durante dois anos e meio (de março 2009 a meados de 2011) por meio de pesquisa de campo.

A pesquisa foi realizada dentro de dois parâmetros de análise: primeiro, da teoria sociológica clássica de Marx (2008) e Durkheim (1999, 2008) aos contemporâneos como Braverman (1981), Castel (2008), Cattani (2002, 2005, 2006), Dal Rosso e Fortes (2008) e Antunes (2002) no contexto de análise do trabalho, do emprego e dos trabalhadores no Brasil. Segundo, pela análise do campo de pesquisa institucional, com representantes e funcionários das Secretarias Municipais de Educação (SME), do Trabalho e Emprego, do Direito da Pessoa com Deficiência (PcD) e da Ação Social (FAS). A pesquisa foi realizada também no âmbito de duas empresas da rede de supermercados e de informática que empregam esses jovens e com os trabalhadores com deficiência intelectual, contendo significativa riqueza de detalhes que pode contribuir com futuras pesquisas.

O conceito de deficiência intelectual foi encontrado no campo de pesquisa, sendo utilizado nesta obra para falar dos jovens com deficiência intelectual inseridos no mercado de trabalho formal, que são aqueles que apresentam debilidade média e conseguem adaptar-se ao convívio social e ao mercado de trabalho.

A ideia de juventude considerada na pesquisa se refere à percepção do jovem como ator social, respeitando as suas singularidades. O jovem com deficiência faz parte desse contexto e é influenciado pela sociedade capitalista, desigual e excludente.

---

[2] A pesquisa foi submetida ao Comitê de Ética em Pesquisa do Setor de Ciências da Saúde da UFPR e está de acordo com a Resolução CNS n.º 196/96.

[3] Deficiência intelectual: insuficiência ou retardo no desenvolvimento intelectual que se manifesta por uma incapacidade mais ou menos grave de se adaptar às exigências do meio. Os psicólogos diagnosticam a debilidade a partir de testes de inteligência. O quociente intelectual (QI) de um indivíduo médio corresponde a 100; fala-se de debilidade leve quando este está entre 50 e 70, e de debilidade profunda quando é inferior a 50. O déficit intelectual é sempre acompanhado de certo déficit social, que pode se traduzir, entre outros sintomas, por egocentrismo, rigidez ou sugestionabilidade e certa dificuldade em se adaptar a situações novas (DORTIER, 2010, p. 120).

A escolha do objeto foi sendo construída no percurso de leitura e de "achados", como afirma a antropóloga Diniz (2007, p. 11):

> [...] esse é um campo pouco explorado no Brasil não apenas porque a deficiência ainda não se libertou da autoridade biomédica, com poucos cientistas sociais dedicando-se ao tema, mas principalmente porque a deficiência ainda é considerada uma tragédia pessoal, e não uma questão de justiça social. [...] A deficiência será um tema emergente para as políticas públicas, particularmente as de caráter distributivo e de proteção social.

Por fim, o livro está dividido em quatro capítulos, elencados a seguir. O Capítulo 1 intitulado "Trabalho, trabalhadores e o emprego no limiar do século 21: uma análise sociológica" contextualiza o delineamento histórico e sociológico do trabalho, a partir dos clássicos Marx e Durkheim aos contemporâneos. Conceitua e analisa o trabalho buscando conceber a importância dada aos trabalhadores e ao emprego. Remete a análise sociológica também ao significado que é dado a formação e a qualificação profissional do trabalhador com deficiência, buscando se aproximar das nuances da configuração do trabalho no limiar do século 21.

No Capítulo 2, "Estado, legislação trabalhista e políticas públicas de formação e qualificação profissional para pessoas com deficiência no Brasil (1990-2010)" parte da conceituação do Estado brasileiro e constitucional. Em seguida, foi analisada a legislação trabalhista destinada à pessoa com deficiência pós-Constituição de 1988, contando com três importantes marcos legais: a Lei n.º 7853/89, o Decreto n.º 3298/99 e a Lei n.º 9213/91, conhecida como Lei de Cotas. São explicitados os conceitos encontrados no campo de pesquisa como empregabilidade, qualificação e competência.

No Capítulo 3, "A pessoa com deficiência e o mercado de trabalho formal", são retomadas algumas ideias elucidadas nos demais capítulos e destaca-se como é apresentada a pessoa com deficiência no trabalho a partir da Convenção da ONU, do Censo de 2000, do Rais, do Caged e do Observatório do Emprego de Curitiba (SMTE).

No Capítulo 4, "A inserção laboral do jovem com deficiência intelectual em Curitiba", analisa-se o campo de pesquisa pelas representações sociais dos três atores: os profissionais da educação, o jovem com deficiência intelectual e as empresas, como forma de compreender as principais barreiras e entraves quanto à inserção e à permanência da PcD no mercado de trabalho formal.

LISTA DE SIGLAS

Apae – Associação de Pais e Amigos dos Excepcionais

Caged – Cadastro Geral de Empregados e Desempregados

BPC – Benefício de Prestação Continuada

Dieese – Departamento Intersindical de Estatística e Estudos Socioeconômicos

DRT – Delegacia Regional de Trabalho

ECA – Estatuto da criança e do adolescente

EP – Educação Profissional

FAS – Fundação de Ação Social de Curitiba

IBGE – Instituto Brasileiro de Geografia e Estatística

INSS – Instituto Nacional de Seguridade Social

LDB – Lei de Diretrizes e Bases da Educação

MDS – Ministério do Desenvolvimento Social e Combate à Fome

MEC – Ministério da Educação

MTE – Ministério do Trabalho e Emprego

OIT – Organização Internacional do Trabalho

ONG – Organização Não Governamental

ONU – Organização das Nações Unidas

PcD – Pessoa com deficiência

Planfor – Plano Nacional de Qualificação do Trabalhador

PNQ – Plano Nacional de Qualificação

Rais – Relação Anual de Informações Sociais

SEDPcD – Secretaria Especial do Direito da Pessoa com Deficiência

SME – Secretaria Municipal de Educação de Curitiba

Senac – Serviço Nacional de Aprendizagem Comercial

Senai – Serviço Nacional de Aprendizagem Industrial

Sesi – Serviço Social da Indústria

SMTE – Secretaria Municipal do Trabalho e Emprego

Sine – Sistema Nacional de Emprego

SUMÁRIO

CAPÍTULO 1
TRABALHO, TRABALHADORES E O EMPREGO NO LIMIAR DO SÉCULO 21: UMA ANÁLISE SOCIOLÓGICA 17

CAPÍTULO 2
ESTADO, LEGISLAÇÃO TRABALHISTA E POLÍTICAS PÚBLICAS DE FORMAÇÃO E QUALIFICAÇÃO PROFISSIONAL PARA PESSOAS COM DEFICIÊNCIA NO BRASIL (1990-2010) 37
2.1 O ESTADO BRASILEIRO 37
2.2 DA CONSTITUIÇÃO FEDERAL DE 1988 À LEGISLAÇÃO TRABALHISTA DESTINADA À PESSOA COM DEFICIÊNCIA 40
    2.2.1 Plano de Benefícios da Previdência Social: a Lei de Cotas 53
2.3 CONTEXTO DAS POLÍTICAS PÚBLICAS DE FORMAÇÃO E DE QUALIFICAÇÃO PROFISSIONAL NO BRASIL 56

CAPÍTULO 3
A PESSOA COM DEFICIÊNCIA E O MERCADO DE TRABALHO FORMAL 73
3.1 VISUALIZAÇÃO DA INSERÇÃO DA PESSOA COM DEFICIÊNCIA NO MERCADO DE TRABALHO. 79

CAPÍTULO 4
A INSERÇÃO LABORAL DO JOVEM COM DEFICIÊNCIA INTELECTUAL EM CURITIBA 87
4.1 PROCESSO DE FORMAÇÃO E DE QUALIFICAÇÃO PROFISSIONAL DE JOVENS COM DEFICIÊNCIA NAS ESCOLAS DE EDUCAÇÃO ESPECIAL EM CURITIBA 90
4.2 TRAJETÓRIAS DOS JOVENS TRABALHADORES COM DEFICIÊNCIA INTELECTUAL 111
4.3 RELATO DAS EMPRESAS CONTRATANTES. 121
CONSIDERAÇÕES FINAIS 129
REFERÊNCIAS 137
BIBLIOGRAFIA COMPLEMENTAR. 147

CAPÍTULO 1

TRABALHO, TRABALHADORES E O EMPREGO NO LIMIAR DO SÉCULO 21: UMA ANÁLISE SOCIOLÓGICA

Este capítulo trará a contextualização histórica e sociológica necessárias para categorizar o trabalho a partir dos estudos realizados pelos clássicos como Marx (2008) e Durkheim (1999, 2008) e dos contemporâneos como Cattani (2002, 2005, 2006), Dal Rosso e Fortes (2008), Nabuco e Carvalho Neto (1999) e Santana e Ramalho (2004).

A análise se inicia pelo conceito de trabalho, um tanto controverso para alguns autores, quanto às mudanças que ocorreram nos últimos anos do século 20 e no início do século 21 no mundo capitalista, que afetam definitivamente as condições econômicas e sociais do trabalho e dos trabalhadores.

O trabalho pode ser definido, no sentido de Marx (2008), como um dispêndio de esforço humano para a transformação da natureza, visando à produção de bens para satisfação das necessidades humanas e sociais. Nessa mesma linha de raciocínio, Outhwaite e Bottomore (1996, p. 774) apresentam o trabalho como um dispêndio de energia humana e acrescentam,

> [...] o trabalho, de acordo com a perspectiva marxista, está subordinado ao propósito de reproduzir e expandir o domínio material e político da classe capitalista. [...] Através do sistema de trabalho assalariado, os trabalhadores estão submetidos à exploração sistemática.

O trabalho muitas vezes é considerado sinônimo de emprego, que representa a oficialização do trabalho, numa forma institucionalizada por direitos trabalhistas, como o registro em carteira e um salário correspondente à função exercida.

Singer (1999, p. 31) estabelece o que seriam basicamente as relações de trabalho assalariado formal e as relações de emprego padrão nas sociedades capitalistas. O emprego padrão:

> [...] consiste basicamente num contrato de trabalho em que o trabalhador é contratado por uma grande empresa, em geral, e tem horário de trabalho fixado por lei, em contrato; tem um salário direto profissional, sujeito a certa regras, acima do salário mínimo (por exemplo, acima do piso profissional da sua categoria); tem um salário indireto ponderável sob a forma de 13º salário, de férias remuneradas, de pagamentos por horas extras acima da taxa de hora normal, do pagamento do descanso semanal remunerado, etc., e ainda tem um amplo sistema de seguro. (SINGER, 1999, p. 3).

A crise do mundo do trabalho, em especial do emprego padrão e ou formal no Brasil, a partir da década de 1990, fez com que o emprego formal se tornasse um privilégio com relação ao trabalho de prestação de serviços, muitas vezes terceirizado, precarizado e informal.

Pensando no século 21, Outhwaite e Bottomore (1996, p. 774), afirmam que "os padrões de organização da produção e as estruturas de controle local de trabalho estão se tornando mais diversificados". Mesmo assim, a condição de estar empregado corresponde a uma forma de reconhecimento social, principalmente no caso dos trabalhadores com deficiência.

Os trabalhadores não buscam um emprego qualquer, mas são encorajados por suas habilidades, que lhes conferem um sentido social de escolha, "de mudança, de obrigação, frequentemente de coerção. O emprego é uma coisa; a maneira de ser empregado é outra [...]" (FRIEDMANN; NAVILLE, 1973, p. 171). O emprego nesse sentido constitui-se como uma obrigação de exercício de uma atividade remunerada, num dado período, que é compensada pelo salário pago.

O trabalho também se difere da atividade, porque ele é específico, sugere a produção de valores, isto é, de bens, de serviço, de troca e de consumo. O emprego seria o "exercício do trabalho remunerado" (FRIEDMANN; NAVILLE, 1973, p. 178)

Em nossa sociedade, é de suma importância a formação profissional do trabalhador. Com o progresso técnico e com a divisão do trabalho, aumentou o número de empregos que exigem especialização e requerem uma formação profissional mais extensa.

O êxito escolar, ou não, também se configura como um elemento importante e determinante de orientação para um futuro emprego. No caso da pessoa com algum tipo de deficiência, principalmente a deficiência intelectual, suas limitações cognitiva e orgânica são complicadores para a continuidade dos estudos. Nesse sentido, e contraditoriamente, o conhecimento acadêmico torna-se um quesito básico e fundamental quando se discute a inserção profissional dos trabalhadores.

Na contribuição de Marx em *O Capital* (1894), quanto ao modo de produção capitalista e as relações de produção, vemos que a célula econômica é a mercadoria ou o seu valor assumido, como resultado do trabalho humano. Para o autor, a mercadoria apresenta um caráter misterioso por encobrir as características do trabalho humano individual, demonstrando as relações materiais do processo. Sendo assim, o conjunto dos trabalhos particulares é que forma o trabalho social.

O modo de produção capitalista torna a mercadoria negociável e faz com que ela tenha um valor, que "ultrapassa" o esforço individual dos trabalhadores.

> [...] os trabalhos particulares realizados independentemente uns dos outros, mas interdependentes, em todos os sentidos, como parcelas naturalmente integrantes da divisão social do trabalho, são, de modo contínuo, ajustados às proporções requeridas pela sociedade. (MARX, 2008, p. 97).

Conforme citado, o modo de produção capitalista engendra um movimento "dialético" de interdependência do trabalho humano, que se torna mercadoria e recebe um valor de uso e de troca, produzido assim pela divisão do trabalho social.

Nesse sentido, a análise de Marx ajuda-nos a compreender o funcionamento da sociedade capitalista atual, com suas contradições e antagonismos (ARON, 2008), que necessita dos esforços dos trabalhadores para produzir mercadorias e, ao mesmo tempo, os explora por meio de seu trabalho.

Na mesma linha de pensamento de Marx, Friedmann e Naville (1973) consideram o trabalho humano como uma criação de utilidade e que é permeado por técnicas necessárias para a transformação da natureza. Esses dois autores destacaram que, para o exercício profissional, a personalidade do trabalhador e sua aptidão para o emprego devem ser consideradas.

> O conjunto das condições práticas em que se efetuam todos os dias na oficina, reagem sobre as suas tendências, as suas atitudes intelectuais e morais, os seus graus de consciência e de satisfação profissionais, as suas opiniões, as suas motivações, em suma, sobre toda a sua personalidade. (FRIEDMANN; NAVILLE, 1973, p. 27).

Assim, as ações laborais do trabalhador não se resumem à produção, mas às condições do ambiente de trabalho, que agem diretamente sobre o trabalhador e podem influenciar no resultado do seu trabalho, dando-lhe ou não maior satisfação, além do recebimento do salário em si.

As atividades de trabalho, as oportunidades de promoção, de realização profissional ou não, acabam moldando o trabalhador e também influenciam o seu comportamento social. No caso dos jovens trabalhadores com deficiência, a oportunidade de trabalho é percebida como um reconhecimento social, combinando-a com o emprego.

> A consciência profissional do nosso operário, a liberação do seu potencial técnico (manifestada, em primeiro lugar, por sugestões capazes de melhorar o posto de trabalho, a qualidade ou a quantidade da produção), o seu espírito 'cooperativo', as suas boas relações com os funcionários da oficina, o nível da sua produtividade individual, tudo isso depende, diversamente segundo as circunstâncias, mas de maneira sempre sensível das condições econômicas [...]. (FRIEDMANN; NAVILLE, 1973, p. 29).

Na produção, o trabalho está relacionado à consciência, à vontade do trabalhador, em produzir mais e em melhor qualidade. O homem tem a possibilidade de expandir-se em sua coletividade pelo trabalho, isto é, por meio da realização profissional. Essa coletividade do trabalho pode ser estudada pela Sociologia do Trabalho, com muitas novas dimensões no século 21, como pela entrada no mercado de trabalho de uma nova categoria de trabalhadores, os deficientes.

Em contrapartida, Durkheim (2008), em *A Divisão do Trabalho Social*, nos ajuda a analisar, por meio de sua moral social, a consciência humana evidenciada pelo trabalho, que engendra várias instâncias sociais, além da econômica. Seria a base da ordem social.

O papel da divisão do trabalho, conforme Durkheim (2008, p. 14) seria o de "[...] aumentar ao mesmo tempo a força produtiva e a habilidade do trabalhador, ela é condição necessária do desenvolvimento intelectual e material das sociedades; é a fonte de civilização".

De acordo com a citação, a divisão do trabalho teria um caráter positivo para o trabalhador, já que aumentaria a força de trabalho e o impulsionaria à especialização dela. Nesse sentido, a pesquisa mostrou que os jovens especiais acabam exercendo funções específicas na divisão do trabalho, sejam elas na indústria ou na área de serviços.

A divisão do trabalho seria responsável, conforme Durkheim (2008), por uma forma de solidariedade[4] humana e social, de cooperação. A solidariedade social se configuraria como um fenômeno moral e fato social, nos interessando a solidariedade orgânica e profissional.

Seguindo essa linha de pensamento, a divisão do trabalho progride no curso do desenvolvimento social, quando a sociedade se torna mais densa e volumosa. A especialização das funções dos trabalhadores dependerá das condições exteriores, como da luta pela vida, isto é, a sociedade para Durkheim divide-se como uma necessidade de reprodução, fazendo com que os trabalhadores se especializem em funções para garantir a sua sobrevivência. Os trabalhadores considerados enfermos, deficientes, em sua visão, também são integrados na divisão do trabalho nas sociedades mais avançadas.

> Um indivíduo enfermiço pode encontrar nos marcos complexos da nossa organização social um lugar em que lhe seja possível prestar serviços. Se for fraco apenas de corpo, mas se o cérebro for são, consagrar-se-á ao trabalho de gabinete, às funções especulativas. Se seu cérebro é que é frágil, "deverá, sem dúvida, renunciar a enfrentar a grande concorrência intelectual, mas a sociedade tem, nos alvéolos secundários de sua colméia, lugares pequenos o bastante, que impedem-no de ser eliminado". (DURKHEIM, 2008, p. 269).

Quando trata do cérebro mais frágil, a citação nos remete aos trabalhadores com deficiência intelectual, que são empregados em funções menos privilegiadas, mas acabam encontrando um lugar de ocupação na rede de relações do trabalho competitivo da sociedade capitalista do século 21.

Uma especialização só sobrevive quando corresponde a uma necessidade da sociedade, que visa à melhoria ou o aumento da produção. A vantagem se destaca como consequência da divisão do trabalho. Durkheim também faz uma crítica aos fundamentos da divisão do trabalho social que seria diferente dos economistas, no sentido de Marx.

> Vê-se o quanto a divisão do trabalho nos aparece sob um aspecto diferente do que se mostra aos economistas. Para eles, ela consiste essencialmente em produzir mais. Para nós, essa maior produtividade é apenas uma consequência necessária, um reflexo do fenômeno. Se nos especializamos, não é para

---

[4] Durkheim distingue duas formas de solidariedade social: a mecânica e a orgânica. Segundo Aron (2008, p. 458), "A primeira é, para usar a expressão de Durkheim, uma solidariedade por semelhança [...], os indivíduos diferem pouco uns dos outros. [...] A forma oposta de solidariedade, a orgânica, é aquela em que o consenso, isto é, a unidade coerente da coletividade, resulta de uma diferenciação, ou se exprime por seu intermédio. Os indivíduos não se assemelham, são diferentes".

> produzir mais, é sim para podermos viver nas novas condições de existência que nos são criadas. (DURKHEIM, 2008, p. 274).

A citação nos apresenta duas visões diferentes do trabalho humano na modernidade: da produção de mercadorias que visa ao lucro e à produção, pela divisão social, e da especialização para satisfazer as condições de trabalho cada vez mais complexas na sociedade.

Para Durkheim (2008), o organismo regulador da diversidade das funções sociais, que deveria assegurar unidade, seria o Estado, agindo como um órgão independente, porém necessário.

O que determinaria nessa visão a divisão do trabalho e a especialidade dos trabalhadores seria a diversidade de suas capacidades devido às suas aptidões. À medida que ocorre o avanço das condições sociais, o trabalho torna-se uma ocupação permanente, um hábito, que consolidado pode tornar-se uma necessidade. A divisão do trabalho constitui-se como uma fonte de coesão social por tornar os indivíduos mais solidários (DURKHEIM, 2008, p. 416).

Sendo assim, fica claro que a divisão do trabalho social, para Durkheim, é oposta à posição dos economistas. A diferenciação social das profissões tem um aspecto muito relevante, no sentido de afastar as sociedades de uma solidariedade mecânica, mais primitiva, levando-a a ser capaz de aprimorar as atividades industriais capitalistas.

A divisão do trabalho, para Durkheim, atinge a sociedade como um todo, como um fenômeno social, que ultrapassa a vontade individual, numa "expressão da coletividade" (ARON, 2008, p. 473), isto é, o indivíduo nasce da sociedade e não o inverso, dando prioridade ao todo sobre as partes.

Também enfoca um problema importante e significativo para o campo desta pesquisa, a relação entre o indivíduo e a sociedade. Para Durkheim, o único grupo social capaz de integrar o indivíduo seria o da profissão, das corporações. Estas correspondem às exigências da ordem social.

Em *O Suicídio*, Durkheim caracteriza a importância dada ao grupo profissional, a corporação capaz de enquadrar o indivíduo ao mundo social, a uma moral, que só é dada pelas relações de trabalho.

> Ora, além das sociedades confessional, familiar, política, há ainda uma a que não foi feita referência até agora: é a formada pela associação de todos os trabalhadores do mesmo ofício, por todos os que desempenham a mesma função, que é o grupo profissional ou a corporação. [...] Enfim, como a vida profissional representa quase a totalidade da vida, a ação corporativa

> manifesta-se em todos os detalhes de nossas ocupações, que são desse modo orientadas em um sentido coletivo. Portanto, a corporação tem tudo o que é necessário para enquadrar o indivíduo, para tirá-lo do estado de isolamento moral e, dada a atual insuficiência dos outros grupos, é a única a poder cumprir essa tarefa indispensável. (DURKHEIM, 2008, p. 416-417).

No que concerne à profissão, existem direitos que lhe são específicos e modos de organização que acompanham o aperfeiçoamento da divisão do trabalho, na sociedade, que vai se tornando mais complexa.

> O aperfeiçoamento da divisão do trabalho e a cooperação mais complexa que a acompanha, provocando uma multiplicação e uma variação infinita dos empregos em que o homem pode ser útil ao homem, multiplicam os meios de existência e põem-nos ao alcance de uma maior variedade de indivíduos. Mesmo as aptidões mais inferiores têm seu lugar. (DURKHEIM, 2008, p. 425).

Essas aptidões inferiores são novamente referidas por Durkheim (2008) e poderiam ser entendidas como os trabalhadores com algum tipo de deficiência intelectual, no que se refere ao sentido cognitivo do termo.

Outro ponto importante, que nos ajuda a compreender os jovens trabalhadores com deficiência, são os conceitos de Durkheim de fenômenos normais e patológicos. Ele considerou como normais os fatos sociais que se apresentam de forma generalizada e de mórbido ou patológico todo o fenômeno que se desvia em relação ao padrão. Utiliza para essa diferenciação vários casos, nos quais destaco: o estado de saúde como normal e da doença como patológica.

Segundo Durkheim (1999, p. 65),

> Um fato social é normal para um tipo social determinado, considerado numa fase determinada de seu desenvolvimento, quando ele se produz na média das sociedades dessa espécie, consideradas na fase correspondente de sua evolução.

Conforme o citado, o normal seria a generalidade de uma média de fatos sociais representativos e os que se desviam são considerados patológicos.

Para Scott (2010, p. 65), o desvio caracteriza-se em termos de "comportamentos, maneiras, atitudes, crenças e estilos que quebram as regras, normas, ética e expectativas de uma sociedade". Os sociólogos, nas palavras do autor, vão além da distinção entre normal e patológico,

> [...] considerando o desvio um aspecto de situações e estruturas sociais e enfatizando não apenas os processos de rupturas das regras, mas também os de construção, aplicação e transmissão destas (SCOTT, 2010, p. 65).

Se pensarmos a juventude e o confronto social que experienciam no que concerne à subordinação dos processos de controle e de movimentos para mudanças e de rupturas em suas vidas, o jovem com deficiência vê no trabalho um processo de mudança para a autonomia, para a integração social e econômica, e não o reconhecimento de suas capacidades enquanto ser social e trabalhador.

Nos estudos de doença mental, em que podemos citar Goffman (2008), o transtorno mental tem um papel social, como o do "paciente mentalmente perturbado" e que a reação da sociedade, embutida nas relações sociais, é o mais importante para a inserção ou não no papel de doente. O transtorno mental implica na violação das normas sociais amplamente aceitas e os médicos desempenham um papel fundamental nesse processo, por estabelecerem "juízos de valor sobre o que pode ser considerado sanidade ou insanidade e atuando como agentes de regulação" (SCOTT, 2010, p. 67).

Assim, os jovens trabalhadores com deficiência intelectual pesquisados muitas vezes são confundidos com doentes mentais[5] associados a formas patológicas e desviantes de ser humano e de trabalhador. A doença mental pode ser encarada como exagero às reações comuns, que podem representar uma importante via de compreensão da sociedade em geral, como no caso da obra de Durkheim, *O suicídio*.

Para esta pesquisa, tornou-se importante entender e diferenciar a deficiência intelectual e a doença mental, para a compreensão das representações e das relações sociais nos espaços institucionais de formação e de qualificação profissional, bem como no mercado de trabalho. Conforme os relatos:

---

[5] A doença mental foi tratada como sinônimo de loucura, de demência e até mesmo como uma forma de alienação social. Segundo Dortier (2010, p. 144-145), esses "termos dizem respeito a uma realidade múltipla, na qual se classificam vários transtornos". A doença mental é categorizada no modelo médico como um transtorno e no Manual de Diagnóstico e Estatístico dos Distúrbios Mentais da década de 1950, com sua última versão de 1994, o DSM-IV, cria uma referência comum para tratar dos transtornos mentais. A expressão doença mental recobre os seguintes transtornos: ansiosos (ansiedade generalizada); somáticos (de conversão e físicos) não associados a causas orgânicas; de humor (depressão, psicose e a bipolaridade); de comportamento alimentar (bulimia, anorexia mental); do sono (insônia); perversões sexuais (pedofilia); transtornos ligados às drogas e ao álcool; de personalidade (antissocial, transtorno obsessivo compulsivo – TOC, e de personalidade múltipla); a esquizofrenia e transtornos psicóticos; do desenvolvimento cognitivo (autismo, mal de Alzheimer, retardamento mental).

> *Doença mental é completamente diferente de deficiência mental. A doença mental pode acometer qualquer pessoa, independente da sua deficiência ou não. É um caso patológico. Já o termo deficiência intelectual, [...] veio precisar de forma melhor a antiga deficiência mental, porque define claramente as dificuldades na área intelectual, ou seja, no conhecimento simbólico [...]. Essas dificuldades são caracterizadas pelo atraso no desenvolvimento.* (Entrevistado n.º 13, Gestor educacional, p. 2 , 2010).

> *Eu tenho alunos aqui que além da deficiência intelectual, possuem uma doença mental. Doente mental pode ter um potencial cognitivo íntegro e o deficiente não tem, porque apresenta rebaixamento na área cognitiva.* (Entrevistada n.º 20, Gestor educacional, p. 2, 2010).

Segundo os relatos, a deficiência intelectual seria uma limitação, um rebaixamento cognitivo e a doença mental corresponderia a uma patologia que necessita de tratamento e acompanhamento medicamentoso. Um deficiente intelectual pode vir a desenvolver uma doença mental, mas o doente mental não é necessariamente um deficiente.

Braverman (1981) nos apresenta um ideal de trabalho, que muitos de nós ainda almejamos e que poderia ser desejado para os trabalhadores com deficiência.

> Pelo contrário, minhas opiniões sobre o trabalho estão dominadas pela nostalgia de uma época que ainda não existe, na qual, para o trabalhador, a satisfação do ofício, originada do domínio consciente e propositall do processo de trabalho, será combinada com os prodígios da ciência e poder criativo da engenharia, época em que todos estarão em condições de beneficiar-se de algum modo desta combinação. (BRAVERMAN, 1981, p. 18).

Conforme o exposto, o ideal buscado por muitos sociólogos do trabalho e trabalhadores seria a satisfação pelo trabalho como processo de criação, combinado a ciência e a tecnologia como possibilidade de crescimento profissional e pessoal.

> Trabalho e capital são polos opostos da sociedade capitalista. Esta polaridade começa em cada empresa e é concretizada em escala nacional e mesmo internacional como uma gigantesca dualidade de classes que domina e estrutura social. [...] o capital é trabalho: é trabalho que foi realizado no passado, o produto concretizado de precedentes fases do ciclo

> de produção que só se torna capital mediante apropriação pelo capitalista e seu emprego na acumulação de mais capital. Ao mesmo tempo, como trabalho vivo que é comprado pelo capitalista para acionar o processo de produção, o trabalho é capital. (BRAVERMAN, 1981, p. 319).

Segundo o que foi apresentado por Braverman (1981), a sociedade capitalista existente necessita delimitar e interligar dois opostos, o capital e o trabalho. O capital só pode ser produzido e ampliado pelo trabalho humano, e iniciado no interior da empresa pela força de trabalho viva que aciona os meios de produção e de capital, a mais valia. Esse movimento dialético é realizado pela divisão do trabalho social, produto de épocas anteriores e que integra até mesmo os menos qualificados.

Quanto à qualificação profissional, acreditava-se que quanto mais as condições de trabalho nas áreas industriais e de serviços exigissem trabalhadores mais instruídos, aumentar-se-ia a produção, incorporando uma maior quantidade de conhecimento científico, técnico e, "qualificado", contraditoriamente fez com que os trabalhadores compreendessem menos o processo, devido a fragmentação do trabalho e das exigências de especialização.

Sendo assim, Braverman (1981) diferencia os trabalhadores em níveis de qualificação: o considerado qualificado seria aquele com formação e preparo de longos anos, formalmente reconhecido. O semiqualificado seria o que foi qualificado parcialmente, em tempo menor, numa formação mais aligeirada e que obteve conhecimento mecânico manual, necessário a uma função imediata que se assemelha aos cursos técnicos. E os não qualificados são aqueles cuja função não exige preparo formal; isto é, formação escolar, qualificação profissional, sendo difícil encontrar este tipo de trabalho, mesmo em funções mais simples e em nossa realidade social do século 21.

A diferença entre os trabalhadores qualificados e semiqualificados seria a quantidade de tempo de formação e de preparo. Braverman (1981) constatou, em sua realidade estudada, que a maioria do trabalho urbano era semiqualificado, com trabalhadores apresentando uma formação mais curta. Aqui também estariam a grande maioria dos trabalhadores com deficiência intelectual pesquisados.

> O alongamento do período médio passado na escola antes da entrada na 'força de trabalho', que é outro conceito comum para presumir que uma população trabalhadora mais bem instruída é necessária pela indústria moderna e pelo comércio

> [...] Nisto vemos em primeiro lugar o fato de que as exigências de alfabetização e familiaridade com o sistema numérico tornaram-se difundidas pela sociedade toda. A capacidade de ler, escrever, e efetuar operações aritméticas simples é uma exigência do meio urbano, não precisamente pelas funções, mas também para consumo, para concordância com as normas da sociedade e obediência à lei. [...] Além dessa necessidade de alfabetização básica há também a função das escolas no sentido de promover uma pretendida socialização da vida citadina [...]. (BRAVERMAN, 1981, p. 369).

Conforme o exposto, a educação escolar é preponderante e de relevância para a preparação e a formação de classe trabalhadora no mundo moderno. Além da necessidade básica de saber ler, escrever e contar, o futuro trabalhador também precisa ser socializado para a vida social ainda na escola.

As exigências educacionais também são definidas do ponto de vista ocupacional, visando a uma escolaridade com boa base de conhecimentos. No caso da pesquisa, as escolas especiais realizam a formação básica de educação para o trabalho, que consiste em um preparo inicial, ainda que em ocupações e ofícios artesanais.

O conceito de qualificação aparece interrelacionado ao de educação e de formação profissional. A qualificação pode ser entendida como o resultado da qualificação profissional ou ainda se dar de forma independente por meio de cursos preparatórios de curto, médio ou longo prazo para uma função específica.

> Para o trabalhador, o conceito de qualificação está ligado tradicionalmente ao domínio do ofício – isto é, a combinação de conhecimento de materiais e processos com as habilidades manuais exigidas para desempenho de determinado ramo da produção. [...] Com o desenvolvimento do modo capitalista de produção, o próprio conceito de qualificação torna-se degradado juntamente com a deterioração do trabalho [...]. (BRAVERMAN, 1981, p. 375).

Atualmente a ideia de qualificação, que é diferente da apreensão de um ofício, pode ser aligeirada para o exercício profissional. Se o trabalhador recebe poucos dias de preparo para uma função, já é considerado qualificado. Existem gradações de qualificação, dependendo da função a ser exercida, e quanto mais tempo de formação, mais qualificado o trabalhador é considerado.

Outra crítica que serve de subsídios para a nossa análise da formação e qualificação profissional do jovem com deficiência intelectual refere-se à extensão do tempo de escolaridade.

> A extensão do tempo de escolaridade que o capitalismo ensejou por suas próprias razões oferece estrutura; o número de anos passados na escola tornou-se em geral adequado para o provimento de uma instrução politécnica completa para os trabalhadores da maioria das indústrias. Mas essa educação só pode ter efeito se combinada com a prática do trabalho durante os anos escolares, e apenas se a educação continuar durante a vida do trabalhador depois de terminados os cursos formais. (BRAVERMAN, 1981, p. 376).

Essa crítica enseja que a preparação do trabalhador pela formação técnica profissional condiz com as necessidades da indústria, se combinada à prática de trabalho. Muitas vezes não é o que acontece, pois a educação ainda está muito distante das práticas profissionais, mesmo em programas como os de educação para o trabalho pesquisado. A formação também deveria ser continuada pelo resto da vida do trabalhador, numa constante busca por conhecimento e aperfeiçoamento profissional.

Braverman (1981) questiona o aumento dos anos de ensino, pois considerou que a escola se tornou vazia, combinando o trabalho a tarefas simples e fáceis. Essa crítica nos remete ao desmonte da educação básica e de qualidade no Brasil, a qual está muito enfraquecida, com tendência a formar para o mínimo de conhecimento e para um trabalho de funções simples, como nas escolas pesquisadas. Essas escolas especiais, na época da pesquisa, trabalhavam com os conteúdos acadêmicos uma vez por semana e o restante do tempo era preenchido com práticas de reprodução de comportamentos adequados, de produção artesanal realizada pelos considerados excluídos[6] pela sociedade, os deficientes.

A exclusão surge como um aglutinador de desigualdades sociais, que acompanham o crescimento econômico. Ela é produzida socialmente porque a sociedade não é capaz de oferecer a todos os seus membros a inserção, a integração social e o trabalho.

---

[6] Segundo Dortier (2010, p. 197), o termo "excluído" remete à década de 1970, devido aos "últimos" bolsões de pobreza existentes nas sociedades que estavam enriquecendo. Esta categoria é ampliada na década de 1980, "com o surgimento do desemprego prolongado, das dificuldades de inserção dos jovens e dos problemas das chamadas periferias 'difíceis'. No limiar dos anos de 1990 o termo passa a ser a referência central do debate social". A ruptura social, por meio da exclusão, concerne que as pessoas acumulam deficiências e fracassos, levando-as à marginalização, ao rompimento durável com as "instituições" sociais, como: da família, do emprego e dos serviços sociais. A exclusão compreende diversas abordagens que se complementam.

> O trabalho exerce um papel integrador na sociedade, daí que um emprego, mesmo que precário e mal pago, é preferível ao desemprego. [...] A fase extrema da exclusão social é caracterizada, não só pela ruptura com o mercado de trabalho, mas por rupturas familiares, afetivas e de amizade. (MAIA, 2002, p. 154).

A exclusão designaria um estar "fora" dos vínculos sociais, sendo expressa por fatores, como a degradação do mercado de trabalho nos últimos trinta anos e o enfraquecimento dos quadros tradicionais de socialização e de vínculos, por exemplo, a família, a igreja, o sindicato e o declínio da solidariedade de classe. Os principais sintomas que correspondem a esse quadro seriam: da retirada da vida social, da crise de identidade, de problemas de saúde, de ruptura com a família e um sentimento de inutilidade perante a sociedade (DORTIER, 2010, p. 197).

A exclusão social corresponde a formas de privação social que perpassam e ultrapassam os recursos econômicos, sociais, culturais, de comportamento patológico, por incluir aspectos diferenciados na ordem do desemprego, da marginalidade, da discriminação, da pobreza e do estigma. Uma pessoa pode ser estigmatizada, mas pode ser, além disso, excluída socialmente.

Para Goffman (2008), nossa sociedade possui atributos de normalidade que são considerados comuns. Percebemos primeiramente o outro por sua identidade social, que inclui seu status social e sua ocupação. Nela também imputam a identidade virtual e real do indivíduo. Quando o outro nos apresenta atributos considerados negativos, que fogem as afirmações de normalidade é levado ao descrédito e estigmatizado.

Segundo Goffman (2008, p. 13)

> [...] um estigma é, então, na realidade um tipo especial de relação entre atributo e estereótipo, embora eu proponha a modificação desse conceito, em parte porque há importantes atributos que em quase toda a sociedade levam ao descrédito.

No caso da pesquisa, o jovem trabalhador com deficiência intelectual é estigmatizado como um ser humano inferiorizado, em parte por sua dificuldade acadêmica e de entendimento da dinâmica social de uma forma mais apurada. Essa identidade reflete em suas relações de trabalho e pode encaminhá-lo à exclusão social.

Castel (2008), ao analisar a situação francesa, ajuda-nos a pensar o desvelamento adaptativo das condições brasileiras, dos excluídos da sociedade salarial, como um grupo vulnerável e desfiliado, que necessitam da sociedade.

> Se o emprego se reduz a uma 'transformação de serviços em mercadoria', como fica o continuum das posições que constituía a sociedade salarial, e que é sempre necessário também para construir uma sociedade solidária? Um conglomerado de baby-sitters, de garçons no Mc Donald's ou de empacotadores nos supermercados faz 'sociedade'? Isso não é dito com desprezo pelas pessoas que se entregaram a essas ocupações; mas, ao contrário, é para que se interrogue sobre as condições que fazem do emprego um vetor da dignidade da pessoa. (CASTEL, 2008, p. 576).

Conforme o citado, Castel (2008) faz uma crítica à desvalorização e a fragilidade das relações de empregos na sociedade salarial, que estariam ligadas ao sistema de garantias, de proteção estabelecida durante décadas e que acaba aumentando as funções precarizadas ou simplesmente inferiorizando a média dos salários. Preocupa-se com a dignidade da classe trabalhadora que é empregada em funções quase indignas, que são aquelas que a maioria das pessoas com deficiência intelectual acaba trabalhando.

Castel (2008) destaca que há, sim, exigência de qualificação em nossa sociedade contemporânea com alto grau de desenvolvimento tecnológico, para empregos altamente qualificados e que essas transformações afetam, sobretudo, o jovem.

Segundo Castel (2008, p. 577),

> [...] tanto mais que o que funda a dignidade social de um indivíduo não é necessariamente o emprego assalariado, nem mesmo o trabalho, mas sua utilidade social, isto é, sua participação na produção da sociedade.

Além da dignidade e da utilidade social que o trabalho pode trazer, ele torna-se uma referência e uma representação de "pertencimento" econômico, social e cultural capaz de valorizar o trabalhador e compor seu status social de assalariado.

> O trabalho assalariado é uma produção externalizada, para o mercado, isto é, para qualquer um que possa entrar no quadro de uma troca regulada. Confere uma utilidade social geral às atividades 'privadas'. O salário reconhece e remunera o trabalho 'em geral', isto é, atividades potencialmente úteis para todos. Assim, na sociedade contemporânea, e para a maioria de seus membros, é o fundamento de sua cidadania econômica. Também está no princípio da cidadania social: esse trabalho representa a participação de cada um numa produção para a sociedade e, portanto, na produção da sociedade.

> É assim o ponto médio concreto sobre o qual se constroem direitos e deveres sociais, responsabilidades e reconhecimento, ao mesmo tempo que sujeições e coerções. (CASTEL, 2008, p. 581).

Conforme o citado, o trabalho assalariado representa muito mais que sua externalidade eminente. Ele dá utilidade às ações individuais de cada trabalhador, traz consigo o sentimento de pertencimento social que é recompensado, em alguns casos minimamente, pelo salário pago.

O núcleo da questão social no século 21 continua a ser os trabalhadores "supranumerários", no entremeio de um contexto marcado por inseguranças e incertezas, atestando "o crescimento de uma vulnerabilidade de massa" (CASTEL, 2008, p. 593), na nossa sociedade salarial.

Há ainda a existência da flexibilidade das relações sociais e de trabalho, que abrem espaço para o acesso de outros tipos de contrato, subordinados a dificuldades particulares, como é o caso da pessoa com deficiência.

> Ao mesmo tempo, esses procedimentos reativam a lógica da assistência tradicional que o direito do trabalho havia combatido, isto é, para ser assistido, é necessário manifestar os sinais de incapacidade, uma deficiência em relação ao regime comum do trabalho. (CASTEL, 2008, p. 608).

Os contratos de trabalho subordinados às necessidades especiais dos trabalhadores, mesmo que legais, nas palavras de Castel (2008), suscitam o assistencialismo, mas torna-se necessário, em alguns casos, para a inserção laboral como da Lei de Cotas, no Brasil.

O modelo de reestruturação produtiva capitalista fragiliza e reduz o emprego assalariado na indústria, amplia a área de serviços com formas anteriormente consideradas atípicas de inserção laboral e com elevados índices de desemprego.

Mantida a centralidade do trabalho no século 20 e estendida ao século 21, ocorrem mudanças sociais desencadeadas por esse processo, como o da entrada no mercado de trabalho de trabalhadores anteriormente considerados improdutivos, como os deficientes físicos, visuais, auditivos e intelectuais, além de outras especificidades.

Nas palavras de Enriquez (1999, p. 79), o trabalho ajudaria a remodelar a personalidade do trabalhador e o ajudaria a compreender a realidade social. Nesse sentido, o trabalhador forma-se enquanto tal pelas relações e condições de trabalho, que são firmadas por modos de organização e de temporalidade destinados à produção.

Enriquez (1999) destaca a subjetividade do trabalho humano, capaz de formar a identidade de trabalhador, a remodelar de acordo com o ofício exercido e a realidade social. Por isso, o trabalho seria um dos fundamentos da atividade humana e não deixaria de ser central.

A sociedade capitalista, no limiar do século 21, passou a sofrer mais intensamente, no caso brasileiro, a partir da década de 1990, as relações de trabalho desiguais, de racionalização das atividades produtivas, de severas exigências impostas aos trabalhadores, quanto à qualificação profissional, por exemplo. Com a incorporação de novas tecnologias, as empresas reduziram custos com a mão de obra, ocorrendo a queda do emprego padrão do tipo taylorista fordista, com a expansão do trabalho precarizado e a subordinação mais intensa do trabalho ao capital.

> Nesse período observamos que se usam novos conceitos como a globalização, a mundialização, a internacionalização das economias e, independentemente do conceito empregado, é inegável que temos um acirramento da competição entre as nações, um período de profunda concorrência, com um aprofundamento de uma das características marcantes do desenvolvimento econômico deste século, que é o movimento de concentração do capital. É inegável, nesses últimos vinte anos, a rapidez com que tem ocorrido a concentração de riquezas em torno das instituições financeiras. (POCHMANN, 1999, p. 16).

Assim, a sociedade capitalista e sua mão de obra, o trabalhador assalariado, acaba por sofrer os impactos da globalização e do mercado financeiro, que influenciam as ações sociais e de trabalho, agindo como "um ator inquestionável" e "um árbitro do comportamento da sociedade" (POCHMANN, 1999, p. 16).

Com a reorganização das empresas ditadas pelo capital financeiro, com as privatizações e a abertura para incentivos fiscais, a globalização gerou, sem dúvida, um processo de maior desigualdade no mundo do trabalho e na sociedade em geral.

Nas palavras de Antunes (2008), as últimas décadas do século 20 se tornaram evidentes as transformações da sociedade contemporânea, com a crise apresentada pelo capital e suas expressões como: do neoliberalismo, da reestruturação produtiva e da era da acumulação flexível, que acarretaram profundas mutações no interior do mundo do trabalho.

A sociedade contemporânea, segundo Antunes (2008), passa a viver um momento de crise do capital, com a produtividade em altos níveis, ocasionando uma imensa precarização do trabalho e de trabalhadores excluídos do sistema (exército industrial de reserva e desempregados).

O trabalho produtivo é caracterizado como aquele que produz diretamente mais valia e participa da valorização do capital, não se restringindo ao trabalho manual, mas detendo um papel de centralidade no interior da classe trabalhadora.

Com frequência, tem ocorrido a redução do proletariado industrial, fabril, manual, tradicional, que se desenvolveu no período taylorista[7] fordista[8], devido à reestruturação produtiva do capital, com a expansão Ocidental do toyotismo[9], ou ainda, motivada pela introdução da máquina informatizada.

O ser social busca a produção e a reprodução de sua vida "societal" por meio do trabalho. A distinção marxista entre a abelha e o arquiteto pode ser usada para explicar a capacidade do ser humano de idealizar previamente o seu trabalho e imprimir nele a forma que melhor lhe "aprouver", num processo impossível para a abelha.

Nesse sentido, o ato laborativo tem como fim o produto do trabalho. Este se desencadeia a partir de um processo, de uma contínua cadeia produtiva, que busca novas alternativas, direcionadas às transformações dos objetos naturais em consonância com as necessidades sociais. O trabalho passa a ser um elemento mediador entre a esfera da necessidade e da realização humana.

> [...] no mundo do trabalho é a crescente exclusão dos jovens, que atingiram a idade de ingresso no mercado de trabalho e que, sem perspectiva de emprego, acabam muitas vezes engrossando as fileiras dos trabalhos precários, dos desempregados, sem perspectivas de trabalho. (ANTUNES, 2008, p. 17).

Conforme o comentário anterior, o mercado de trabalho ainda é muito excludente com os jovens, que por não conseguirem uma vaga de emprego formal acabam indo para a informalidade. O mercado exclui muitas vezes

---

[7] Segundo Cattani (2002, p. 308), taylorismo é o "Sistema de organização do trabalho, especialmente industrial, baseado na separação das funções de concepção e planejamento das funções de execução, na fragmentação e na especialização das tarefas, no controle de tempos e movimentos e na remuneração por desempenho".

[8] Conforme Laranjeira (2002, p. 123), "[...] o fordismo caracterizar-se-ia como prática de gestão na qual se observa a radical separação entre concepção e execução, baseando-se esta no trabalho fragmentado e simplificado, com ciclos operários muito curtos, requerendo pouco tempo para formação e treinamento dos trabalhadores".

[9] Conforme Holzmann (2006, p. 314-315), "O toyotismo é referido com outras denominações, como modelo japonês e produção enxuta, entre outras. [...] No toyotismo, a produção é desencadeada pela demanda do mercado. Produz-se o que já foi vendido, condicionando-se estreitamente a produção ao consumo. [...] o toyotismo suprime a relação um operador/ uma máquina, que constitui um posto de trabalho ao longo da linha de montagem fordista, e instaura o trabalho em equipe, operando numa célula de manufatura".

pela falta de experiência profissional juvenil e pela pouca formação e qualificação. Quando ele é deficiente e possui essas mesmas desvantagens do público jovem em geral, sua dificuldade de ingresso no mercado de trabalho formal pode duplicar, ou até triplicar, dependendo do cargo almejado ou mesmo do grau de deficiência apresentado.

> O século XXI apresenta, portanto, um cenário profundamente contraditório e agudamente crítico: se o trabalho ainda é central para a criação do valor reiterando seu sentido de perenidade – estampa, em patamares assustadores, seu traço de superfluidade, da qual são exemplos os precarizados, flexibilizados, temporários, além do enorme exército de desempregados e desempregadas que se esparramam pelo mundo. (ANTUNES, 2008, p. 19).

O grau de exploração dos trabalhadores neste contexto tem aumentado com a intensidade do trabalho e com a redução da mão de obra, com o objetivo de fazer a empresa lucrar. A maioria dos trabalhadores é submetida a essas condições almejando o trabalho formal, mesmo sabendo das sobrecargas de trabalho que poderão enfrentar.

A tecnologia utilizada no trabalho do século 21 também acaba por intensificar o trabalho, devido à tão citada redução da mão de obra. O trabalhador moderno, além de ter que provar sua competência e sua qualificação profissional, precisa ser polivalente na função que irá desempenhar.

> Polivalência significa que um mesmo trabalhador toma conta de vários equipamentos ao mesmo tempo, equipamentos estes que por sua vez executam tarefas diferenciadas. Quando o trabalho é feito de forma polivalente, o trabalhador desdobra-se e executa o trabalho antes feito por várias pessoas. A polivalência ocupa completamente o tempo de trabalho da pessoa. [...] Portanto, a noção de polivalência amplia o grau de intensidade do trabalho a níveis muito mais elevados do que aqueles atingidos pela divisão entre concepção e execução. No sistema da polivalência não há lugar para repetição de movimentos. Vários trabalhos são feitos simultaneamente. O engajamento do trabalhador é muito maior e o envolvimento de suas energias físicas, mentais e afetivas acontece ao máximo. (DAL ROSSO; FORTES, 2008, p. 28).

Para Dal Rosso e Fortes (2008), a polivalência é uma moderna forma de exploração e de intensificação do trabalho humano, que se utiliza de técnicas para tornar o trabalho mais produtivo. Um trabalhador com deficiência intelectual, dentro dessas exigências, dificilmente conseguiria realizar ao mesmo tempo vários processos de trabalho e estaria fadado a permanecer fora do mercado de trabalho, caso não tivesse o amparo legal.

Ao contrário de Antunes (2008), para Offe (1989), o mercado moderno não se desenvolveu o suficiente para absorver a demanda atual de empregos, resultando no inchaço do setor de serviços.

> É esta diferenciação no interior do conceito de trabalho que me parece construir o ponto mais crucial de sustentação do argumento de que não se pode mais falar de um tipo basicamente unificado de racionalidade, que organizaria e governaria o conjunto da esfera do trabalho. (OFFE, 1989, p. 11).

O autor anuncia uma nova modelagem do trabalho, que denomina de reestruturação produtiva e industrial, correspondente a mudanças institucionais e organizacionais nas relações de trabalho, visando a maior lucratividade. Mesmo assim, o trabalho ainda continua central, embora remodelado.

> É a compreensão desta divisão moral do trabalho que possibilitará esclarecer por que alguns trabalhadores são bem melhor remunerados que outros, bem como por que milhões de pessoas não atendem a certas exigências estabelecidas pelos mercados competitivos contemporâneos. (MACIEL, 2006, p. 299).

Esse autor retrata que o trabalho na contemporaneidade está envolto por uma moralidade social, geradora de dignidade e de reconhecimento valorativo, expresso também nos salários pagos. Isto se refere aos trabalhadores que possuem uma profissão classificada como digna e de prestígio ocupacional.

Nas entrevistas, muitos jovens trabalhadores com deficiência demonstraram maior ensejo em trabalhar numa empresa de informática, na linha de produção, mesmo na função de separação de resíduos, do que em trabalhar como frente de caixa, na área de serviços em supermercados. O local de trabalho, e não a função, interferiu na escolha do trabalho e no prestígio salarial também desses jovens.

A ideologia meritocrática dá a ideia de que todos estão postos num mesmo patamar de igualdade e de liberdade, quando inseridos na divisão do trabalho social. A igualdade seria quando cada um tem uma função específica e pode contribuir diferencialmente para o produto final da sociedade. A suposta liberdade estaria pautada na possibilidade de troca, que só pode ser real quando o indivíduo está inserido no trabalho (MACIEL, 2006, p. 300).

Essa ideologia faz com que muitos trabalhadores mais fragilizados e precarizados pela esfera produtiva acreditem na competência individual como o caminho para o sucesso na vida, numa perversa desigualdade naturalizada. Nesse contexto, no Brasil existe uma massa de pessoas desqualificadas pelos valores modernos e que não teriam oportunidade de aprendizado formal suficiente para atender as exigências do mercado, para além das supostas políticas de formação e de qualificação profissional.

Os trabalhos desqualificados socialmente possuem uma invisibilidade social, que inutiliza as suas funções e ocupações, o que reflete na própria distribuição de renda. Conforme Maciel (2006, p. 314) o mercado paga "aquilo que se convencionou a respeito de nossa ocupação".

Assim, as últimas décadas do século 20 e limiar do século 21 estão pautadas pela desigualdade social e na exclusão de muitos trabalhadores. Os resultados são de uma reestruturação produtiva com formas precárias e instáveis de trabalho, imersas pela ideologia meritocrática, num conjunto de qualificações profissionais "efêmeras" que não incluíram efetivamente uma grande parcela da população, nos quais destaco as pessoas com deficiência.

Assim, continuaremos no capítulo 2, discutindo o papel do Estado, da legislação trabalhista e das políticas de formação e de qualificação profissional, que visam à integração pela inserção laboral dos trabalhadores com deficiência no mercado de trabalho.

CAPÍTULO 2

ESTADO, LEGISLAÇÃO TRABALHISTA E POLÍTICAS PÚBLICAS DE FORMAÇÃO E QUALIFICAÇÃO PROFISSIONAL PARA PESSOAS COM DEFICIÊNCIA NO BRASIL (1990-2010)

Neste segundo capítulo, analiso o Estado contemporâneo, seu significado para a sociedade brasileira, no que se refere à legitimação e aplicação da legislação trabalhista para pessoas com deficiência e às políticas públicas de formação e qualificação profissional, tendo em vista o universo empírico da pesquisa. O marco teórico pretende contextualizar e demarcar o período de 1990 a 2010, no que tange ao desenvolvimento da Constituição Federal de 1988.

2.1 O ESTADO BRASILEIRO

A sociedade do século 21 está organizada politicamente, embora sua estrutura varie muito de acordo com o contexto social. Com o avanço tecnológico, a divisão do trabalho social e os conflitos de interesses econômicos e sociais, o Estado continua sendo necessário.

Conforme Ribeiro (1986, p. 43-44), o Estado existe em toda a sociedade "política e juridicamente organizada", legitimando os procedimentos jurídicos que chamamos de Leis. A imprecisão do termo é mencionada por Scott (2010, p. 80), que apresenta um conceito sociológico de Estado:

> [...] é um dos mais fundamentais e imprecisos. É fundamental porque os Estados desempenham muitas funções e regulam quase todos os aspectos da vida das pessoas. Seu caráter essencial também torna o Estado impreciso, pois é difícil estabelecer claramente quais instituições o constituem e qual é a sua amplitude. (SCOTT, 2010, p. 80).

Esse binômio entre necessidade fundamental e imprecisão é sentido nas relações sociais e na falta de clareza das funções do Estado, que poderiam ser consideradas como a manutenção da ordem e da administração das relações externas e internas de uma sociedade.

Não abordarei aqui as teorias sociológicas específicas de Estado para Weber, Marx e Poulantzas, por exemplo, porque o objetivo é discutir as ações do Estado contemporâneo, aproximando-se da realidade brasileira para o entendimento da legislação trabalhista destinada à pessoa com deficiência.

A noção de Estado é polissêmica nas palavras de Maia (2002) e, apesar disso, possui duas dimensões fundamentais: abstrata e institucional. A dimensão abstrata nessa visão compreenderia a realidade conceitual, de dissociação do poder e de integração social. Implicaria na organização social, pela divisão dos espaços públicos e na gestão dos interesses coletivos. A dimensão institucional do Estado representaria um modo particular de organização política, que reúne o poder, os indivíduos e a sociedade.

Segundo Maia (2002, p. 138-139), "A função do Estado é de preservar e de garantir a sobrevivência da sociedade". Sua permanência institucional é assegurada por três vias: de defesa da identidade do grupo, representando a nação (Estado-nação); pela proteção e salvaguarda da ordem social e do território, pela regulação dos conflitos sociais. O Estado, nesta visão, teria o papel de agente regulador das relações sociais.

Já para Outhwaite e Bottomore (1996, p. 257), o Estado é um conjunto de instituições definidas por seus agentes e limitado a uma sociedade. Ele monopoliza a criação de regras sociais, que tendem a criar uma cultura política comum "partilhada por todos os cidadãos", num sentido totalitário. Os autores tratam o Estado como o conjunto de instituições ao darem importância às ações de formulação de regras sociais e de cultura política, o que o torna fundamental.

Para Dortier (2010, p. 178), o Estado moderno seria um Estado legislativo, num projeto de formar uma sociedade unificada e articulada a toda a sociedade e a uma organização "político-administrativa compartilhada". Dá ênfase ao Estado de direito e social, ao apresentá-lo como legislativo e com ações compartilhadas socialmente. Não se distancia das visões apresentadas.

Nas palavras de Raymond e Bourricaud (2007, p. 205), o "Estado pode designar uma forma política historicamente definida". Nessa visão política, poderíamos incluir os governantes e os governados, com uma interdependência que abrangeria todas as dimensões da vida social, assemelhando-se a um Estado totalitário, no sentido expresso pelos autores.

Ainda nesta visão, o Estado difundir-se-ia pelo conjunto da sociedade, com poder coercitivo e soberano aplicado aos homens comuns, aos grupos e a outros Estados. Teria a vocação para o "universalismo" de suas ações, almejando de forma ideal, ultrapassar os interesses particulares na tentativa de racionalizar as relações pessoais.

Para Boudon e Bourricaud (2007, p. 208), "O Estado moderno é constitucional, no sentido de que seu funcionamento seja submetido a regras de funcionamento explícitas [...]". Assim, o Estado, além de político e coercitivo, é promotor de leis, isto é, constitucional.

Na visão política do Estado, Bobbio (2007, p. 51) afirma que este legítima direitos sociais e seria regido pelo sistema jurídico e econômico. O Estado não se distingue da sociedade que ele invade por suas regulações.

O processo de estatização da sociedade não é menos significativo do que o da socialização do Estado, por almejar desenvolver várias formas de participação política, de organização direta ou indireta das massas por algum poder político. O Estado social também é permeado pela sociedade (BOBBIO, 2007).

Para Bobbio, que vai além dos pressupostos de Estado totalitário de Boudon e Bourricaud (2007), este seria social, por interagir com a sociedade, numa visão dialética de socializar e de ser socializado mediante participação política que, de alguma forma, interfere na organização das ações dos seres humanos, portanto, de muitos trabalhadores.

Bobbio, Matteucci, Pasquino (2004, p. 401) afirmam que os direitos sociais deveriam representar "os direitos de participação no poder político e na distribuição da riqueza social produzida". Nesse sentido, preveem que a participação política seria o meio pelo qual a população poderia vivenciar o acesso aos bens sociais, minimizando a desigualdade social e econômica.

Segundo Bobbio, Matteucci, Pasquino (2004, p. 401), "Os direitos sociais [...] representam a via por onde a sociedade entra no Estado, modificando-lhe a estrutura formal". Assim, o Estado social constitui-se no ideal de uma nação democrática, que visa à participação, à integração dos "diferentes" para transformação da estrutura social e até das relações de trabalho. Essa concepção de Estado de direito e social, de participação democrática, apresentada pelos autores anteriormente citados, é que seguiremos para a análise da legislação trabalhista.

Nesse sentido, o Estado brasileiro tem desenvolvido ações legais de direitos sociais e trabalhistas, conforme os princípios da Constituição Federal de 1988, para as pessoas com deficiência. Cabe indagarmos a efetividade de tais ações, como analisaremos a seguir.

2.2 DA CONSTITUIÇÃO FEDERAL DE 1988 À LEGISLAÇÃO TRABALHISTA DESTINADA À PESSOA COM DEFICIÊNCIA

A Constituição Federal brasileira de 1988 representa, apesar de todas as críticas que se fazem a ela, um marco de abertura política, com o ensejo de promoção da cidadania e de direitos de igualdade a todos perante a lei, incluindo as pessoas com deficiência.

A nomeação do "sujeito deficiente" na legislação é produzida e reproduzida historicamente, "o termo deficiente é tomado para designar as pessoas nomeadas com deficiência, pessoas portadoras de deficiência e as pessoas com necessidades educacionais especiais" (MARQUEZAN, 2008, p. 464).

Embora Marquezan (2008) análise em primazia as Constituições brasileiras e a legislação educacional, deixa claro que essa diferença de terminologia no tratamento da pessoa com deficiência, termo atual, é fruto de diferentes épocas, de disputas de poder, de invisibilidades, de resquícios de visões excludentes e discriminatórias[10], que viam a pessoa pela sua incapacidade predominante para o trabalho e sua inserção social.

> Até o final da década de 1980 pouco se falava em PPDs [pessoas portadora de deficiência e na terminologia atual pessoas com deficiência] e, menos ainda, em sua inclusão no mercado de trabalho no Brasil. Mudanças significativas começaram a acontecer na realidade brasileira a partir da Constituição de 1988, quando esta se manifestou em defesa dos direitos das chamadas minorias, entre as quais as pessoas com deficiência. (FONTOURA; PICCININI, 2008, p. 154).

Nesse contexto constitucional e de Estado que deveria legitimar-se o direito social e de proteção a população menos favorecida. Conforme dados da Organização Mundial das Nações Unidas (ONU), no Brasil dez por cento da população têm algum tipo de deficiência. A deficiência intelectual corresponderia a três por cento da população (ARAÚJO, 1994, p. 30).

Os dados revelam que existe um contingente populacional de pessoas com deficiência que enfrentam questões de barreiras, de acessibilidade física, econômica e social. Apresentam dificuldade em desenvolver práticas de integração social e trabalhista em condição de igualdade com as demais pessoas, nos quais destacamos os deficientes intelectuais.

---

[10] A discriminação prescreve a forma utilizada por indivíduos ou grupos para inferiorizar o outro, por considerá-lo diferente. Ela está na base das formas de exclusão, porque inferioriza aquele que se encontra num grupo excluído socialmente ou desvalorizado (MAIA, 2002).

Nesse sentido, conforme Figueiredo (1997), os direitos sociais e trabalhistas não deveriam levar a segregação social, a estigmatização, principalmente num Estado de direito e democrático. A Constituição de 1988 instituiu um marco no Brasil de direitos civis, sociais e políticos aos trabalhadores. As minorias, assim caracterizadas, passaram a serem visualizadas legalmente.

Voltando à Constituição Federal de 1988 (CF), existem alguns artigos que tratam do direito, da igualdade, das relações de trabalho, da formação e qualificação profissional incluindo a pessoa com deficiência.

Constituição da República Federativa do Brasil, 1988.

Art. 3º - Constituem objetivos fundamentais da República Federativa do Brasil:

IV – promover o bem de todos, sem preconceitos de origem, raça, sexo, cor, idade e quaisquer outras formas de discriminação. [...]

Art. 5º - Todos são iguais perante a lei, sem distinção de qualquer natureza, garantindo-se aos brasileiros e aos estrangeiros residentes no País a inviolabilidade do direito à vida, à liberdade, à igualdade, à segurança e à propriedade. [...]

Art. 7º - São direitos dos trabalhadores urbanos e rurais, além de outros que visem à melhoria de sua condição social:

XXXI – proibição de qualquer discriminação no tocante a salário e critérios de admissão do trabalhador portador de deficiência. [...]

Art. 203 – A assistência social será prestada a quem dela necessitar, independentemente de contribuição à seguridade social, e tem por objetivos:

V – a garantia de um salário mínimo de benefício mensal à pessoa portadora de deficiência e ao idoso que comprovem não possuir meios de promover à própria manutenção ou de tê-la provida por suas famílias, conforme dispõe a lei. [...]

Art. 205 – A educação, direito de todos e dever do Estado e da família, será promovida e incentivada com a colaboração da sociedade, visando ao pleno desenvolvimento da pessoa, seu preparo para o exercício da cidadania e sua qualificação para o trabalho.[...]

> Art. 227 – É dever da família, da sociedade e do Estado assegurar à criança e ao adolescente, com absoluta prioridade, o direito à vida, à saúde, à alimentação, à educação, ao lazer, à profissionalização, à cultura, à dignidade, ao respeito, à liberdade e à convivência familiar e comunitária, além de colocá-los a salvo de toda forma de negligência, discriminação, exploração, violência, crueldade e opressão. [...]
>
> II – criação de programas de prevenção e atendimento especializado para os portadores de deficiência física, sensorial ou mental, bem como de integração social do adolescente portador de deficiência, mediante o treinamento para o trabalho e a convivência, e a facilidade do acesso aos bens e serviços coletivos, com a eliminação de preconceitos e obstáculos arquitetônicos. (BRASIL, 1988, s/p).

Analisar os artigos da Constituição Federal de 1988 destacados possibilita-nos fazer uma leitura quanto ao lugar social, no mercado de trabalho e na qualificação, prescrito para a pessoa com deficiência, focando a nossa atenção no jovem. Deve ficar claro que o contexto legal pós-Constituição Federal de 1988, preocupou-se com a integração e não com a inclusão da pessoa com deficiência. Diferenciação de termos, que será realizada no capítulo subsequente.

Conforme a análise realizada, o Art. 3º assinala os objetivos fundamentais da República brasileira, que deseja a igualdade, negando ações de preconceito e de discriminação, numa generalização de ações para todas as pessoas. O art. 5º complementa esta consigna, acrescentando que todos são iguais, ou receberão tratamento igual perante a lei, sem distinção. Fundam-se nos ideais de direito à vida, à liberdade, à igualdade e à justiça. Nesse sentido, a Constituição pretende integrar a todos os cidadãos em seus pressupostos, pelo principal ditame da igualdade política.

Quanto às relações de trabalho, o art. 7º afirma os direitos dos trabalhadores, com o inciso 31º, quase um dos últimos, especificando a proibição de qualquer tipo de discriminação, quanto ao salário e ao processo de admissão da pessoa com deficiência. Não especifica como esse trabalhador terá auxílio para a entrada e a permanência no mercado de trabalho, só faz menção com relação aos direitos do trabalhador de não ser discriminado.

O art. 203, referente à assistência social pela seguridade social, no inciso V, assegura a ajuda do Estado para os grupos sociais fragilizados, no caso das pessoas com deficiência, de um salário-mínimo, conforme a lei determina e decide. Esse artigo é posteriormente disposto pela Lei n.º 8.742, de dezembro de 1993, artigo 2º, incisos IV da habilitação e reabilitação da pessoa com deficiência e V da garantia do benefício mensal.[11]

A educação, no Art. 205, é tida como responsabilidade do Estado e da família, contando com a sociedade. Pretende formar o cidadão pleno, visando à qualificação para o trabalho. O sentido dado à qualificação envolve a formação profissional impulsionada para o mundo do trabalho.

E, finalmente, o Art. 227, que assegura e prioriza aos jovens os direitos à vida plena, perpassando a educação e a profissionalização. No inciso II, é garantida a prevenção e o atendimento especializado para o jovem com deficiência, no que concerne à área de saúde, ao treino para o trabalho e para a convivência social, com o acesso a serviços coletivos, a eliminação de preconceitos e de barreiras arquitetônicas. A terminologia treinamento revela ainda uma concepção de formação taylorista-fordista de repetição, com a formação e qualificação para o trabalho não representando o movimento dialético das faculdades físicas e mentais de produção do conhecimento e do exercício profissional. (MANFREDI, 2007)

A Constituição Federal de 1988 apresenta diferentes sentidos e conotações que afirmam a cidadania como forma de "alargar as conquistas sociais" (MARQUEZAN, 2008, p. 473), num momento da história brasileira de abertura política. Quanto aos direitos de trabalho, de formação e de qualificação profissional, demonstra a preocupação do Estado para com a pessoa com deficiência, mesmo demonstrando ser uma transição com o momento anterior, de uma concepção de trabalho tecnicista e mecanicista, com ênfase na repetição e no treino.

O termo utilizado na época, pessoa portadora de deficiência ou deficiente, iniciado pela palavra pessoa dá a noção de humanização da pessoa com deficiência. Logo em seguida, o termo portadora, no sentido de portar, de carregar, revela uma visão pejorativa, associada à doença, num enfoque médico. A palavra deficiência, tomada como portadora, dá uma visão de incapacidade, de falta, de exclusão, indo contra os ideais de integração propostos.

> Essa tentativa de inclusão que a palavra pessoa carrega no discurso da Constituição de 1988 esbarra no termo seguinte da designação: "portadora". A palavra portador se vincula

---

[11] Esse benefício mensal é assegurado pela Lei n.º 10.741, de 1º de outubro de 2003, que institui o Estatuto do Idoso e garante o Benefício de Prestação Continuada (BPC), comumente chamado de aposentadoria para a pessoa com deficiência. Atualmente, o BPC é gerenciado pelo Ministério do Desenvolvimento Social e Combate à Fome (MDS) e quem acompanha, avalia e operacionaliza é o Instituto Nacional de Seguro Social (INSS).

> à linguagem médica, na sua acepção sanitarista e tem o sentido de portar ou conduzir, trazer consigo ou em si; que hospeda e transmite algo nocivo. Que pode contagiar. Com esse efeito de sentido, a designação "portadora" atualiza uma memória associada à doença, à dor, ao sofrimento, à rejeição, à morte. Em "portadora de deficiência", a designação "deficiência" é tomada pelo sentido de portadora, ou seja, de contagiosa. Dessa forma, o discurso legal conduz/ mantém a rejeição/ exclusão do sujeito deficiente na/ pela sociedade. (MARQUEZAN, 2008, p. 473).

Continuando as apresentações legais, ao abordarmos a questão da juventude, temos que considerar o Estatuto da criança e do adolescente, Lei n.º 8.069, de 1990, como mais um parâmetro de análise necessário.

Uma das inovações no Estatuto da Criança e do adolescente (ECA), está no capítulo V, "Do direito à profissionalização e à proteção no trabalho", entre os artigos 60 a 69, que destaca a possibilidade de exercer atividade como aprendiz os jovens de 14 anos. É a formação técnico profissional que se torna mais específica para a faixa etária, visando ao desenvolvimento, enquanto formação humana.

Como especificidade ao jovem com deficiência, é assegurado o trabalho protegido em instituições e não a sua inserção real no mercado de trabalho. Apresentarei a seguir um quadro, trazendo as três principais leis e decretos trabalhistas destinados às pessoas com deficiência, entre os períodos de 1990 a 2010 e que serão utilizadas para esta análise.

Quadro 1 – Leis e Decretos da Legislação Trabalhista destinados às Pessoas com Deficiência

Leis e Decretos	A que se refere e o que diz	Artigos relevantes
Lei n.º 7.853/1989	"Dispõe sobre o apoio às pessoas portadoras de deficiência, sua integração social".	Artigo 1º, Artigo 2º,inciso I, III alíneas "a", "d";
Decreto n.º 3.298/1999	"Regulamenta a Lei n.º 7.853, de 24 de outubro de 1989, dispõe sobre a Política Nacional para a Integração da Pessoa Portadora de Deficiência, consolida as normas de proteção, e dá outras providências."	Artigos 1º, 3º, 4º, inciso IV, Artigo 8º, inciso III, Artigos 15, 28, 31, 36 e 45;
Lei n.º 8.213/1991	"Plano de Benefício e da Previdência Social" – Lei de Cotas	Artigos 89 a 93;

Leis e Decretos	A que se refere e o que diz	Artigos relevantes
Lei n.º 11.692/ 2008.[12]	"Dispõe sobre o Programa Nacional de Inclusão de Jovens - Projovem, instituído pela Lei nº 11.129, de 30 de junho de 2005; altera a Lei nº 10.836, de 9 de janeiro de 2004; revoga dispositivos das Leis nᵒˢ 9.608, de 18 de fevereiro de 1998, 10.748, de 22 de outubro de 2003, 10.940, de 27 de agosto de 2004, 11.129, de 30 de junho de 2005, e 11.180, de 23 de setembro de 2005; e dá outras providências.	Artigos: 2º,3º, 19
Decreto n.º 6949/2009	"Promulga a Convenção Internacional sobre os Direitos das Pessoas com Deficiência e seu Protocolo Facultativo, assinados em Nova York, em 30 de março de 2007."	Artigo 27 - Trabalho e Emprego
Decreto n.º 7617/2011	"Altera o Regulamento do Benefício de Prestação Continuada, aprovado pelo Decreto n.º 6.214, de 26 de setembro de 2007."	Artigo 1º

Fonte: organizado pela autora

A Lei n.º 7.853 de 1989, aprovada um ano após a Constituição Federal, marca a igualdade legal que se almeja para a pessoa com deficiência e dispõe quanto aos direitos de integração social. Estabelece no artigo 1º as "normas gerais que asseguram o pleno exercício dos direitos individuais e sociais das pessoas portadoras de deficiência, e sua efetiva integração social, nos termos da Lei" (BRASIL, 1989).

No artigo 2º, são assegurados à pessoa com deficiência os direitos básicos de educação, saúde, trabalho, lazer e previdência social, direitos esses de todos os cidadãos. Ainda neste artigo, destacamos alguns incisos importantes à pesquisa: I – na área de educação, prescreve a educação especial como modalidade educativa, que pode abranger até o Ensino Médio, também o supletivo, com currículos e diplomas próprios. Este último item não foi encontrado no campo de pesquisa, uma vez que os alunos das escolas

---

[12] Foram acrescentados a título de atualização das Leis e Decretos as: Lei n.º 11.962/2008; os Decretos n.º 6949/2009 e 7617/2011 com o intuito de atualizar a legislação que trata do trabalho da pessoa com deficiência e do jovem. Essa nova legislação não foi discutida na pesquisa. Disponível em: Portal do Governo Federal - Inclusão das Pessoas com Deficiência. Disponível em: http://www4.planalto.gov.br/ipcd/assuntos/legislacao. Acesso em: 3 mar. 2023.

especiais saiam do programa de educação para o trabalho, sem certificação e terminalidade legal na época.[13] Já o inciso III destaca a necessidade da área da formação profissional e do trabalho, visando à manutenção do emprego.

A Lei n.º 7.853/1989 estabelece ações do Estado e da sociedade civil quanto à formação profissional e ao mercado de trabalho para a pessoa com deficiência, conduzindo como determina a Constituição Federal, a sistemática reserva de vagas.

A preocupação governamental é demonstrada pela formação da pessoa deficiente em cursos regulares, com o apoio para o surgimento de vagas, a manutenção, o acesso e a permanência no mercado de trabalho formal, nos setores público e privado da economia. A letra "d" fornece indicativo da preocupação governamental da reserva de vagas e de oficinas integradas ao mercado de trabalho. Essa reserva será conhecida por cotas para o trabalho.

> I – na área da formação profissional e do trabalho:
>
> a) o apoio governamental à formação profissional, e a garantia de acesso aos serviços concernentes, inclusive aos cursos regulares voltados à formação profissional;
>
> b) o empenho do Poder Público quanto ao surgimento e à manutenção de empregos, inclusive de tempo parcial, destinados às pessoas portadoras de deficiência[14] que não tenham acesso aos empregos comuns;
>
> c) a promoção de ações eficazes que propiciem a inserção, nos setores público e privado, de pessoas portadoras de deficiência;
>
> d) a adoção de legislação específica que discipline a reserva de mercado de trabalho, em favor das pessoas portadoras de deficiência, nas entidades da Administração Pública e do setor privado, e que regulamente a organização de oficinas e congêneres integradas ao mercado de trabalho, e a situação, nelas, das pessoas portadoras de deficiência; (BRASIL, 1989, s/p).

---

[13] Foi fornecido à pesquisadora uma atualização dos dados da pesquisa em 5 de setembro de 2022, pela Secretaria Municipal de Educação de Curitiba, dados do Programa Educação para o Trabalho e Convivência Social, que é parte integrante do Ensino Fundamental nas Escolas Municipais na Modalidade Educação Especial de Curitiba, destinado aos estudantes do 3º ao 5º anos, a partir dos 15 anos. Tem como objetivo oferecer condições aos jovens para inseri-los no mundo do trabalho e convivência social. Os dados atualizados serão destacados nas Considerações Finais, adiantando que o cenário continua muito semelhante ao encontrado na pesquisa em 2010 e 2011.

[14] A nomenclatura da Lei foi respeitada para fins de citação.

O inciso III, entre as alíneas de "a" a "d" nos apresentam o apoio do Estado quanto à orientação e à formação profissional da pessoa com deficiência, não especificando a existência de recursos e como efetivamente serão desenvolvidas tais ações. Na alínea "b", compromete-se com o empenho quanto ao surgimento e manutenção de empregos, que será regulamentada com a Lei de Cotas.

O Decreto n.º 3.298, de 20 de dezembro de 1999, regulamenta a Lei n.º 7853/89, anteriormente citada, e dispõe sobre a Política Nacional para a Integração da Pessoa Portadora de Deficiência, consolidando também normas de proteção, como se a pessoa com deficiência precisasse apenas ser protegida, vinda dos resquícios de um assistencialismo histórico e social.

O artigo 1º destaca a Política Nacional para a pessoa com deficiência e pretende assegurar o pleno exercício dos seus direitos individuais e sociais, corroborando com a Lei n.º 7.853/89, no que diz respeito aos direitos básicos já citados de educação, saúde, trabalho, lazer, assistência social, dentre outros.

O artigo 3º difere nos incisos I a III, diferenciando a deficiência, a deficiência permanente e a incapacidade, sendo importante para verificarmos as possibilidades de trabalho de acordo com as definições:

> I – deficiência – toda perda ou anormalidade de uma estrutura ou função psicológica, fisiológica ou anatômica que gere incapacidade para o desempenho de atividade, dentro do padrão considerado normal para o ser humano;
>
> II – deficiência permanente – aquela que ocorreu ou se estabilizou durante um período de tempo suficiente para não permitir recuperação ou ter probabilidade de que se altere, apesar de novos tratamentos; e
>
> III – incapacidade – uma redução efetiva e acentuada da capacidade de integração social, com necessidade de equipamentos, adaptações, meios ou recursos especiais para que a pessoa portadora de deficiência possa receber ou transmitir informações necessárias ao seu bem-estar pessoal e ao desempenho de função ou atividade a ser exercida. (BRASIL, 2007, p. 263).

Os incisos são muito semelhantes nas definições que identificam a pessoa como deficiente, permanente e irreversível, como no caso de um deficiente intelectual que não pode ter seu caso revertido por uma cirurgia, ou em algumas das demais deficiências físicas e sensoriais. E a incapacidade que seria datada, momentânea e reversível. Para o mercado de trabalho, interessaria muito mais um trabalhador incapacitado, que possa ser reabilitado e se tornar cotista, do que um habilitado com deficiência permanente, no caso do deficiente intelectual.

No mesmo Decreto, o artigo 4º, considera as pessoas com deficiência em uma categoria de deficiência física, auditiva, visual e mental. O inciso IV, trata da deficiência intelectual, mas ainda retratada pela nomenclatura de deficiência mental:

> I – deficiência mental – funcionamento intelectual significativamente inferior à média, com manifestação antes dos dezoito anos e limitações associadas a duas ou mais áreas de habilidades adaptativas, tais como:
>
> a) comunicação;
>
> b) cuidado pessoal;
>
> c) habilidades pessoais;
>
> d) utilização dos recursos da comunidade;
>
> e) saúde e segurança;
>
> f) habilidades acadêmicas;
>
> g) lazer; e
>
> h) trabalho;
>
> i) deficiência múltipla – associação de duas ou mais deficiências. (BRASIL, 1999, s/p).

O que chama a atenção na análise do artigo 4º, inciso IV, é que a deficiência intelectual é a última a ser apresentada no decreto. As habilidades adaptativas apresentadas na lei foram verificadas no trabalho desenvolvido pelas escolas especializadas pesquisadas no município de Curitiba, quanto à formação profissional para o mercado de trabalho.

Ainda no Decreto, no artigo 8º, inciso III, "[...], a aplicação da legislação específica que disciplina a reserva de mercado de trabalho, em favor da pessoa portadora de deficiência, nos órgãos e nas entidades públicos e privados".

RETRATOS DA FORMAÇÃO, QUALIFICAÇÃO PROFISSIONAL
E INSERÇÃO NO MERCADO DE TRABALHO FORMAL

Destaca a reserva de vagas no mercado de trabalho para a pessoa com deficiência, conforme a Lei n.º 8.213/91, dos Planos de Benefício e da Previdência Social.

No artigo 15 se refere aos órgãos e as entidades da Administração Pública Federal que deverão prestar de forma direta ou indireta à pessoa com deficiência os seguintes serviços:

> I - reabilitação integral, entendida como o desenvolvimento das potencialidades da pessoa portadora de deficiência, destinada a facilitar sua atividade laboral, educativa e social;
>
> II - formação profissional e qualificação para o trabalho;
>
> III - escolarização em estabelecimentos de ensino regular com a provisão dos apoios necessários, ou em estabelecimentos de ensino especial; e
>
> IV - orientação e promoção individual, familiar e social. (BRASIL, 1999, s/p).

Os serviços destacados, também foram observados no campo de pesquisa como prestados pelas escolas especializadas, como da formação profissional ofertada aos jovens com deficiência intelectual em oficinas profissionais de formação e no trabalho pedagógico das escolas como um todo.

No artigo 28 referente a matrículas em instituições que ofertem cursos de educação profissional a pessoas com deficiência, "a fim de obter habilitação profissional que lhe proporcione oportunidade de acesso ao mercado de trabalho" e nos incisos de I a III, estabelece:

> § 1º A educação profissional para a pessoa portadora de deficiência será oferecida nos níveis básico, técnico e tecnológico, em escola regular, em instituições especializadas e nos ambientes de trabalho.
>
> § 2º As instituições públicas e privadas que ministram educação profissional deverão, obrigatoriamente, oferecer cursos profissionais de nível básico à pessoa portadora de deficiência, condicionando a matrícula à sua capacidade de aproveitamento e não a seu nível de escolaridade.
>
> § Entende-se por habilitação profissional o processo destinado a proporcionar à pessoa portadora de deficiência, em nível formal e sistematizado, aquisição de conhecimento e habilidades especificamente associados a determinada profissão ou ocupação. (BRASIL, 1999, s/p).

A educação profissional, como citado, deve atender as necessidades das pessoas com deficiência e por isso a necessidade de níveis aos cursos. Os incisos não deixam claro como se dará essa oferta, em turmas ou cursos específicos para a pessoa com deficiência, ou ainda como serão divididos para o ingresso adequado nas turmas.

O jovem com deficiência intelectual da pesquisa tem conhecimento para acompanhar cursos de nível básico, que também são desenvolvidos nas escolas especializadas no programa que existia na época de educação para o trabalho.

Na realidade pesquisada, o problema é que a escola não certificava esses cursos e os espaços de qualificação profissional se restringiam a ONGs e a Fundação de Ação Social (FAS), em Curitiba aceitava esse público. De fato, a formação nas escolas também não habilita para uma função específica e sim prepara para noções comportamentais destinadas ao convívio social e que também se destinavam ao mercado de trabalho.

O artigo 31 relata a importância da efetiva habilitação profissional da pessoa com deficiência (PcD), pela "identificação de suas potencialidades laborativas, adquira o nível suficiente de desenvolvimento profissional para o ingresso e reingresso no mercado de trabalho e participar da vida comunitária" (BRASIL, 1999, s/p). A formação, no sentido de habilitação profissional, prevê o desenvolvimento de potencial para o trabalho e para a inserção social, que pouco foi verificado no contexto de pesquisa.

Com relação ao acesso ao trabalho, no Decreto, o artigo 35 especifica as modalidades de inserção laboral destinadas às pessoas com deficiência. Também seguidas pelas escolas especializadas, que almejam a inserção no mercado de trabalho formal de seus alunos.

> Art. 35 – São modalidades de inserção laboral da pessoa portadora de deficiência:
>
> I – colocação competitiva: processo de contratação regular, nos termos da legislação trabalhista e previdenciária, que independe da adoção de procedimentos especiais para sua concretização, não sendo excluída a possibilidade de utilização de apoios especiais;
>
> II – colocação seletiva: processo de contratação regular, nos termos da legislação trabalhista e previdenciária, que depende da adoção de procedimentos e apoios especiais para sua concretização; e

III – promoção do trabalho por conta própria: processo de fomento da ação de uma ou mais pessoas, mediante trabalho autônomo, cooperativo ou em regime de economia familiar, com vistas à emancipação econômica e pessoal. (BRASIL, 1999, s/p).

Os alunos das instituições pesquisadas tentavam ser inseridos na colocação competitiva, mas o que mais se encaixava era a colocação seletiva que contava com o apoio da Lei de Cotas para garantia da contratação e da permanência no emprego.

Em contrapartida, os estudantes que recebem o benefício de prestação continuada (BPC) e que não têm condições de ingressar no mercado de trabalho formal são igualmente preparados para conseguir uma renda informal no mundo do trabalho. O programa de educação para o trabalho das escolas estava organizado em oficinas que seriam compostas por salas de aula equipadas com equipamentos destinados à formação de uma atividade profissional, com atividades, em sua maioria, artesanais, como a fabricação de envelopes, visando ao desenvolvimento de habilidades cognitivas e sociais, de cunho terapêutico.

O benefício de prestação continuada (BPC) foi previsto no artigo 20 da Lei n.º 8.742, de 1993, que garantia um salário-mínimo mensal vitalício a pessoa com deficiência que comprovasse não possuir meios de manutenção da própria vida, nem com o auxílio de sua família, sendo concedido o Benefício à PcD considerada "incapacitada para a vida independente e para o trabalho".

As famílias das pessoas com deficiência que terão direito ao BPC, serão aquelas com renda mensal per capita inferior a ¼ (um quarto) do salário mínimo e deve ser revisto a cada 2 (dois) anos, para avaliação da continuidade do mesmo pelo INSS. Foi regulamentado pelo Decreto n.º 1.330 de 08 de dezembro de 1994. Ficando impedido de exercer funções com vínculo empregatício formal, o que caracterizaria aptidão à sua manutenção econômica e social. (PARANÁ, 1997, s/p).

O benefício se assemelha a uma pensão para as pessoas com deficiência, que por razões econômicas e de condições de saúde não poderiam vender a sua força de trabalho ao mercado produtivo. Esta forma de pensão também inibe a tentativa de participação de jovens especiais a ingressarem em um trabalho formal, porque as famílias que conseguem o benefício passam por uma difícil seleção e geralmente o fazem quando o filho ainda é criança.

Na vida adulta, mesmo com comprometimento, conforme relato dos profissionais da educação, alguns jovens gostariam de se arriscar e tentar ingressar no mercado de trabalho formal, mas, em muitos casos, são desencorajados por suas famílias que veem no benefício uma segurança financeira. O ideal seria que estes jovens pudessem ingressar no mercado de trabalho e caso perdessem a colocação profissional, voltassem a receber o benefício automaticamente.

Dando continuidade, o artigo 36 do Decreto n.º 3.298 apresenta-nos um resumo da Lei de Cotas, nos incisos I ao V, esclarecendo a obrigação legal das empresas com mais de 100 empregados para contratação de trabalhadores com deficiência; informando que a dispensa do trabalhador somente poderá acontecer com a substituição por outro trabalhador em igual situação.

Podemos verificar que, após a Constituição Federal de 1988, a Lei n.º 7.853/89 e o presente Decreto dão ênfase à política nacional em favor do cumprimento das Cotas para inserir as pessoas com deficiência no mercado de trabalho. Esta medida torna-se mais efetiva, principalmente no século 21, devido a fiscalização e ao possível ônus lançado às empresas descumpridoras da Lei, pelo Ministério do Trabalho e Emprego.

No artigo 45 são especificadas as políticas de qualificação profissional, no caso do Planfor, para a época: "Serão implementados programas de formação e de qualificação profissional voltados para a pessoa portadora de deficiência no âmbito do Plano Nacional de Formação Profissional (Planfor)". Não é especificada de que forma pretendia ser efetivado (BRASIL, 1989).

Destacam, neste artigo apresentado, nos incisos I e III, os objetivos dos programas de formação e de qualificação profissional, que seria de criar condições para que a pessoa com deficiência possa receber uma formação adequada e necessária a qualificação e a inserção laboral competitiva, ampliando-a pela educação geral e satisfazendo "as exigências derivadas do progresso técnico, dos novos métodos de produção e da evolução social e econômica" (BRASIL, 1989).

Os incisos justificariam a importância de um bom preparo de formação para se chegar a uma qualificação profissional, visando à inserção competitiva no mercado de trabalho. Para isso, os cursos de formação deveriam ter um programa próprio, visando à qualificação em uma função específica, com conteúdo e duração adequados às necessidades dos jovens e também os certificando. A realidade pesquisada mostrou-se inadequada quanto à formação necessária ao jovem, com vistas à sua qualificação profissional e ao seu ingresso ao mercado de trabalho. A Lei de Cotas ainda tem sido a porta de entrada desse jovem especial no mercado de trabalho, como veremos a seguir.

2.2.1 Plano de Benefícios da Previdência Social: a Lei de Cotas

A Lei n.º 8.213, de 24 de julho de 1991, da seguridade social foi escrita após três anos de Constituição Federal, dispõe sobre os Planos de Benefício da Previdência Social; em que constam os artigos conhecidos como reserva de vagas e/ou Lei de Cotas.

A Lei de Cotas prevê medidas de responsabilidade social para que sejam cumpridas pelas empresas de médio e grande porte, com mais de cem funcionários (PASTORE, 2000). Estas têm obrigação legal de contratação dessa mão de obra, sob pena de fiscalização (ARAÚJO, 2009) e de punição por meio de multas em caso de descumprimento, por instâncias do Ministério do Trabalho e Emprego.

Neste sentido, na Subseção II, "Da Habilitação e da Reabilitação Profissional", específica nos artigos 89 a 93, como será a reserva de vagas para a pessoa com deficiência ou reabilitada. Sendo citados alguns itens:

> Art. 89 – A habilitação e a reabilitação profissional e social deverão proporcionar ao beneficiário incapacitado parcial ou totalmente para o trabalho, e às pessoas portadoras de deficiência, os meios para a reeducação e de (re)adaptação profissional e social indicados para participar do mercado de trabalho e do contexto em que vive. [...]
>
> Art. 93 – A empresa com 100 (cem) ou mais empregados *está obrigada* a preencher de 2% (dois por cento) a 5% (cinco por cento) dos seus cargos com beneficiários reabilitados ou pessoas portadoras de deficiência, habilitadas, na seguinte proporção:
>
> I – até 200 empregados   2%
>
> II – de 201 a 500 3%
>
> III – de 501 a 1.000   4%
>
> IV – de 1.001 em diante   5%
>
> § 1º A dispensa de trabalhador reabilitado ou de deficiente habilitado ao final de contrato por prazo determinado de mais de 90 (noventa) dias, e a imotivada, no contrato por prazo indeterminado, só poderá ocorrer após a contratação de substituto de condições semelhantes. (BRASIL, 1991).

A presente Lei sobre os Planos de Benefícios da Previdência Social estabelece claramente, nos artigos referentes à habilitação e reabilitação profissional, a reserva de vagas ou cotas. As empresas são obrigadas a integrar em seus quadros estes profissionais, trabalhadores com necessidades especiais ou reabilitados. Elas têm revisto suas práticas à procura por trabalhadores, mas mesmo assim, conforme dados do campo de pesquisa, prefere os trabalhadores reabilitados e em último lugar os trabalhadores com deficiência intelectual, o que permite considerar a falta de ações para que as práticas sociais sejam transformadas.

A Lei é objeto de muita discussão e tem sido fiscalizada pelo Ministério do Trabalho e Emprego, no caso do Paraná. O deficiente intelectual, objeto de estudo desta pesquisa, tem se beneficiado das medidas legais e feito com que as escolas de formação e qualificação profissional, em certo sentido, revejam as suas práticas formativas. Na pesquisa, foi verificado que as escolas desenvolvem o trabalho mais focado em habilidades que envolvem trabalhos manuais e artesanais, mas usavam a Lei de Cotas para inserir no mercado de trabalho formal os jovens que completam 18 anos e que apresentam requisitos mínimos exigidos pelas empresas no que se refere ao comportamento e ao conhecimento básico de leitura, escrita e cálculo.

Segundo Bevervanço (2001, p. 139),

> [...] o sistema de reservas de vagas sofre críticas até mesmo entre pessoas com deficiência (PcD). Contudo, entende-se que neste momento histórico elas são necessárias, pois o preconceito e a exclusão são reais.

Conforme o exposto, a Lei de nítido caráter compensatório estabelece a obrigação de contratação da PcD nas empresas e garante o direito ao trabalho, mas necessita de maior avaliação. Tem sido vista de forma positiva pelas instituições formadoras que têm conseguido a inserção profissional do deficiente intelectual por meio das cotas.

Cito alguns trabalhos de pesquisa de dissertações e teses que abordam a temática da Lei de Cotas. Bergamo Jr. (2009) realiza o estudo "Trabalho de pessoas com deficiência em empresas privadas" e demonstra que a contratação delas tornou-se significativa após a fiscalização do cumprimento da Lei de Cotas e que as empresas consideram excessivo o percentual de trabalhadores a serem contratados. Em nenhuma das empresas privadas que foram pesquisadas existiam trabalhadores com deficiência intelectual.

Lobato (2009), com a pesquisa "Pessoas com deficiência no mercado de trabalho: implicações da Lei de Cotas", reafirmou que a Lei resultou no aumento de oportunidades, mas não no reconhecimento das potencialidades para o trabalho da PcD. Ela gerou contratações, mas não legitimou o desenvolvimento do trabalho da pessoa com deficiência.

O trabalho de Goldfarb (2006), "Pessoas portadoras de deficiência e a relação de emprego: análise do sistema de cotas no Brasil e das peculiaridades do contrato de trabalho", estudou e analisou a legislação previdenciária e em especial alcance do artigo 93 da referida Lei n.º 8.213/91, como uma importante ação afirmativa do ordenamento jurídico brasileiro. Ressaltou que, apesar de a Lei ser de 1991, o artigo só foi regulamentado em 1999, quando passou a ser fiscalizado.

O estudo de Doval (2006) "Inclusão de pessoas portadoras de deficiência no mercado de trabalho: desafios e tendências" categorizou a inserção de pessoas com deficiência, fazendo uso da teoria dos jogos e separando as empresas em níveis de inclusão, das menos até as mais inclusivas. Declarou que muitas empresas não cumprem a Lei de Cotas e que as pessoas com deficiência enfrentam desafios estabelecidos pelos padrões sociais, como falta de acesso à educação, mas contam com bom desempenho após serem contratados.

Fonseca (2005), com a tese "O trabalho da pessoa com deficiência e a lapidação dos Direitos Humanos: o direito do trabalho, uma ação afirmativa", também analisou que existem diferentes níveis de empresas quanto ao cumprimento da Lei de Cotas; que variam daquelas que simplesmente desprezam o preceito legal até aquelas que estabelecem um discurso de socialmente responsáveis. Sugere que as sanções e os incentivos econômicos devem ser feitos em conformidade com as formas de agir das empresas privadas, diante da legislação.

Quanto às empresas, algumas tentam justificar a dificuldade de cumprir as cotas, porque dependendo da sua atividade produtiva, não seria tão fácil empregar o número necessário de trabalhadores PcDs.

> *Várias empresas este ano já foram multadas. [...] a gente procura a conscientização do empresariado. Porém tem empresas que jamais vão cumprir a lei de cotas do jeito que está posta a lei. [...] Aqui no Estado do Paraná nós fizemos uma incursão no Estado, com a Secretaria de Educação, a Secretaria do Trabalho, o Ministério Público do Trabalho e a superintendência que é a DRT do Ministério do Trabalho. Foram chamadas todas as empresas que têm mais de cem funcionários. [...] o maior preconceito dentro da empresa está no chefe de setor ou RH. Porque o empresariado visa o lucro, aí independe de a pessoa*

ter um olho ou não, ser surdo ou não, ser deficiente intelectual, importa o produto final que é a qualidade de mercado. (Entrevistado n.º 9, Técnico do Trabalho, 2010).

Para as empresas e para os ambientes de formação e de qualificação, o trabalhador com deficiência precisa ser eficiente no que se dispõe a fazer, independentemente da deficiência e de suas limitações.

Ele precisa ser eficiente, independentemente de ter o intelecto preservado ou não, o olho preservado ou não, ele tem que ser eficiente naquilo que ele vai desempenhar. Geralmente, as empresas que hoje cumprem a lei de cotas, elas estão contentes porque esses trabalhadores diferentes deram um novo alento na motivação do grupo. As pessoas passaram a entender mais a vida e respeitar esses trabalhadores para um novo por vir. Vários empresários fazem o testemunho, que depois que eles contratam pessoas com deficiência o grupo é mais solidário. (Entrevistado n.º 9, Técnico do Trabalho, 2010).

Conforme a pesquisa realizada, não há, até o momento, mecanismos governamentais suficientes para avaliar as condições dos serviços prestados, de orientação e de formação profissional da PcD e os ganhos efetivos realizados por seu emprego no mercado de trabalho formal. Nesse contexto, como têm sido estabelecidas as políticas públicas brasileiras de formação e de qualificação profissional?

2.3 CONTEXTO DAS POLÍTICAS PÚBLICAS DE FORMAÇÃO E DE QUALIFICAÇÃO PROFISSIONAL NO BRASIL

Ao apresentar e analisar sociologicamente algumas políticas de formação e de qualificação profissional para a pessoa com deficiência, os diferentes sentidos e conotações que lhe são dados, e considerando o campo de pesquisa das instituições municipais de Curitiba, pretendo desenvolver e analisar a contextualização histórica e social desse problema.

Na teoria sociológica, a formação[15] e qualificação profissional[16] apresentam-se no conjunto, como uma temática em voga na Sociologia do Trabalho, que ganhou nova preocupação e importância devido à crise do paradigma fordista-taylorista. Para Carrilo e Iranzo (2003), a preocupação com a qualificação profissional do trabalho já estava presente nos clássicos da sociologia, num sentido de formação integral, de valor determinante da aprendizagem, de trabalho fragmentado, parcial e artesanal, em Marx.

Tanto os conceitos de formação como de qualificação profissional, segundo Manfredi (2007, p. 11),

> [...] expressam diferentes visões de mundo, de sociedade, de desenvolvimento socioeconômico, e que servem como matrizes para projetos diferentes de educação profissional e de políticas públicas de qualificação.

Pensando o mundo do trabalho para além das mudanças tecnológicas, as formas de ingresso no mercado de trabalho têm-se alterado, exigindo por parte do trabalhador uma maior formação e qualificação profissional, mesmo para postos com baixa remuneração.

> As diferentes concepções de qualificação [profissional] são construídas mantendo vínculos com as noções de trabalho, produção social, desenvolvimento socioeconômico (com projetos e proposições de desenvolvimento), educação e formação profissional. (MANFREDI, 2007, p. 11).

Quanto às ideias e proposições apresentadas, a qualificação profissional está, sem dúvida, ligada aos conceitos de trabalho e de classe trabalhadora. Pensar a qualificação profissional é também, em certo sentido, pensar a produção social de bens e mercadorias. Ela é um processo maior, que envolve as políticas públicas de direito e todo um arcabouço legal, mas ao mesmo tempo o trabalhador.

Ao longo de sua trajetória profissional na modernidade, o ser humano busca educação, formação em instituições de ensino, se capacita e pretende se integrar, se inserir numa perspectiva mais inclusiva ao mercado

---

[15] A formação profissional, na sua acepção mais ampla, designa todos os processos educativos que permitam ao indivíduo adquirir e desenvolver conhecimentos teóricos, técnicos e operacionais relacionados à produção de bens e serviços, quer esses processos sejam desenvolvidos nas escolas ou nas empresas. A formação profissional está, em grande parte, associada às necessidades definidas pelas empresas, no que concerne à sua política de organização e de gestão do trabalho (CATTANI, 2002, p. 128)

[16] "A discussão sobre qualificação é complexa e polêmica em razão, principalmente, da ausência de consenso quanto aos critérios a serem considerados em sua definição. [...] A construção da qualificação seria, portanto, um processo de criação de distinções entre tipos de funções e, consequentemente, entre os trabalhadores que desempenham aquela função" (CATTANI, 2002, p. 257-258).

de trabalho, inicialmente como aprendiz, estagiário, e busca aperfeiçoar sua experiência profissional em determinadas funções ou ofícios. Muitas vezes após um período de formação básica, sente a necessidade de ter uma qualificação profissional específica, impulsionada pelo mercado de trabalho e legitimada por uma certificação.

No Brasil, o contexto histórico e social das concepções de formação e de qualificação profissional, integram-se aos ditames do desenvolvimento econômico. Segundo Costa (2006, p. 137):

> Podemos falar de três momentos na qualificação profissional no Brasil: o primeiro, até os anos 50 [1950], associado ao período de aceleração da industrialização, em decorrência do processo de substituição das importações; o segundo, nos anos 70 [1970], com a educação tecnicista, associada ao 'milagre econômico'; a terceira, nos anos 90 [1990], como resposta às exigências da inserção na economia global.

Nesse sentido, essas três fases de qualificação profissional estavam afirmativamente ligadas muito mais a questões econômicas e de mercado do que a relações sociais. O sistema S[17] representa, sem dúvida, um momento significativo de qualificação profissional, se mantendo nas demais décadas ainda como uma referência.

Na década de 1990, ocorreu uma fase de "estrangulamento" (COSTA, 2006) da força de trabalho, devido ao seu baixo nível de escolarização, no qual podemos incluir a pessoa com deficiência intelectual, devido a sua dificuldade cognitiva e de adequação ao mercado.

Para Oliveira (2006), nesta década ocorreu uma nova discussão quanto à qualificação profissional, tendo como pano de fundo a globalização, o esgotamento do fordismo, o fenômeno de reestruturação produtiva, as políticas de liberação do mercado, seguidas de privatizações de empresas estatais, da abertura do sistema financeiro, de políticas macroeconômicas e de controle inflacionário.

O Brasil, nesse contexto, foi introduzido no "paradigma da globalização", a partir do governo de Fernando Collor de Melo. Na mesma década, o desemprego e a precarização do trabalho converteram-se em graves problemas

---

[17] No Brasil, a partir da década de 1940 foi ofertada como parceria paga pelos investimentos públicos entre o sistema de ensino e Sistema S (Senai – Serviço Nacional de Aprendizagem Industrial, o Senac – Serviço Nacional de Aprendizagem Comercial, o Sebrae – Serviço de Apoio às Micro e Pequenas Empresas, o Sesi – Serviço Social da Indústria, o Sesc – Serviço Social do Comércio), que correspondia a serviços de formação e qualificação para a obtenção de um ofício necessário para a época e que foram se estruturando com relação ao mercado de trabalho.

sociais, como um "fenômeno de massa". As políticas públicas, por sua vez, de modo contraditório, de um lado, defendiam possibilidades derivadas da Constituição Federal de 1988, e de outro, adotaram determinações liberalizantes.

É importante destacar que o contexto social se mostrou contraditório, assim como a atuação do Estado que, por um lado, reduziu as políticas sociais e, por outro, estimulou um movimento difuso da sociedade civil, visando à ampliação da participação na gestão de políticas públicas para a qualificação profissional, no qual estava imersa a PcD.

Nesse sentido, em 1995 foi criado pelo Ministério do Trabalho, o Plano Nacional de Educação Profissional (Planfor), passando a vigorar até 2002. Resultou em um plano de transferência de políticas públicas para o privado, aplicando os princípios liberais, concebido a partir de três ideias-força: noção de competência, de empregabilidade e de parceria.

O Planfor instituído no governo de Fernando Henrique Cardoso (FHC) pretendeu criar uma nova institucionalidade para a área de qualificação profissional, com a ideia de se ter "cidadãos produtivos" (COSTA, 2006), que deveriam individualmente investir na qualificação profissional, para tentar evitar assim o desemprego.

Segundo Prestes (2006), a qualificação profissional no Planfor aliava a educação a uma política de trabalho e renda. Pretendia envolver os interesses da empresa, do trabalhador e de toda a sociedade. O programa foi alvo de frequentes críticas que alegavam que a qualificação oferecida era ineficaz, por não formar o trabalhador como um sujeito capaz de refletir o processo produtivo e nem para o mercado, apenas criando nele expectativas inquietantes.

Tinha como clientela a população excluída do mundo do trabalho que se "movia" na economia informal, além de pessoas com deficiência que necessitavam de qualificação, também com vistas à certificação. O problema é que a qualificação oferecida conduzia a ocupações tradicionais que exigiam pouca escolaridade ou eram típicas do setor informal, isto é, não integravam o trabalhador no mundo do trabalho, mas geravam grandes expectativas e indiretamente o responsabilizavam por sua não inserção. As oficinas de formação das escolas especiais observadas iam na mesma contramão, por estarem voltadas a ocupações tradicionais e artesanais, principalmente, com vista à empregabilidade, conceito este que será discutido neste capítulo.

No caderno "Diversidade & igualdade de oportunidade: qualificação profissional da pessoa portadora de deficiência" é que se especifica a modalidade do Planfor para essa população. O projeto envolveu instituições que tinham interesse no desenvolvimento da educação profissional, a fim de firmar parcerias entre o setor público e o privado, numa tradição mais ligada ao treinamento de pessoas.

Pretendia atender no geral 20% da população economicamente ativa, dando ênfase à qualificação profissional das pessoas com baixa escolaridade. O Planfor possuía um duplo eixo de qualificação profissional: primeiro para as pessoas em situação de pobreza e com baixa escolaridade, incluindo as pessoas com deficiência, e segundo, destinado às atividades com grande potencial de geração de trabalho e de renda.

> Essa articulação reflete o duplo eixo do Planfor: de um lado, em populações que, normalmente, não teriam qualquer outra chance de se qualificar, por serem pobres e de baixa escolaridade: trabalhadores desempregados, jovens em busca do primeiro emprego, pessoas ocupadas na pequena propriedade rural, donos de pequenos negócios urbanos, além de outros grupos prioritários da área social e de direitos humanos. De outro, setores e atividades com grande potencial de geração de trabalho e renda, que podem absorver as pessoas que vão sendo qualificadas, como por exemplo: o turismo, a pequena agricultura, as atividades exportadoras, especialmente de micro e pequenos empreendimentos. (MTE, 2000, p. 7).

Os dois eixos apresentados no caderno temático da pessoa com deficiência não incluíam, nesse primeiro momento, contraditoriamente, nenhuma especificidade a essa clientela. A discussão para a qualificação desses trabalhadores ocorreu pela temática da diversidade versus a discriminação social.

A ideologia da qualificação profissional, para o Planfor, pretendia ser uma agregadora de valor ao trabalho, visando aumentar as chances de se conseguir uma inserção profissional e ampliando as oportunidades de geração de renda.

> Qualificação profissional, em si e por si mesma, não promove o desenvolvimento, não gera emprego, nem faz justiça social, mas é um componente indispensável de políticas públicas que visem a tais propósitos. Porque a qualificação agrega valor ao trabalho e ao trabalhador. Aumenta as chances de obter e manter trabalho. Amplia as oportunidades de geração de

> renda. Melhora a qualidade dos produtos e serviços. Torna
> as empresas mais competitivas. Torna o trabalhador mais
> competente. E, por tudo isso, é direito do trabalhador, em
> uma sociedade que quer ser moderna e competitiva, mas
> sobretudo justa e democrática. (MTE, 2000, p. 8).

Nesse sentido, a qualificação traria uma "falsa" ideia de igualdade de oportunidades entre os trabalhadores, que visava aumentar as chances de conseguir um hipotético trabalho nos moldes mais flexíveis e precarizados, disseminados pela globalização, pela reestruturação produtiva e pela economia mundial no período.

A diversidade aparece no Planfor como uma possibilidade de reconhecimento dos direitos civis, da promoção da igualdade e do combate à discriminação. Esta é conceituada como "a tradução prática, a exteriorização, a manifestação, a materialização do racismo, do preconceito e do estereótipo" (MTE, 2000, p. 9). O ensejo é que a política pública consiga promover a igualdade social pela diversidade.

O conceito de qualificação profissional é aproximado ao de empregabilidade, por pensá-la como um suporte de atributos que tornaria o trabalhador empregável, ou preparado para o mercado de trabalho. Como apresentado, a qualificação nesses moldes acabou por colocar no trabalhador a responsabilidade de tornar-se empregável, de ter competência e habilidades profissionais para um mercado de trabalho modelado pela reestruturação produtiva.

Ao fazer uso dos termos "atendimento massivo a esses segmentos, usualmente excluídos da qualificação profissional, mas também em experiências inovadoras [...]" (MTE, 2000, p. 11), o Ministério do Trabalho e Emprego apresenta brevemente a inserção da pessoa com deficiência. A ideia é de um atendimento em massa a população menos favorecida, no qual se incluem os trabalhadores com deficiência.

A aproximação ao atendimento à pessoa com deficiência no Planfor aparece pela simples identificação, nas fichas de inscrição, com um campo próprio para a pessoa marcar se tinha algum tipo de deficiência. Com isso, é dado o acesso à pessoa sem nenhuma adaptação dos cursos de qualificação, deixando a busca pela adaptação sob responsabilidade do trabalhador.

O documento do Ministério do Trabalho e Emprego na época apresenta as dificuldades da inserção da pessoa com deficiência no mercado de trabalho, mas não efetivam adaptações em seus cursos. Afirmando: pela "experiência de trabalho junto a essas populações, sabe-se que o acesso dessas pessoas ao mercado de trabalho é dificultado por diversos fatores, desde questões ligadas à locomoção e transporte até as alternativas e metodologias adotadas usualmente para a sua qualificação" (MTE, 2000, p. 12).

O conceito de competência[18] foi um elemento de referência no Planfor, imprimindo no trabalhador a necessidade de saber "fazer" (preocupação do paradigma fordista de qualificação), do saber "ser" e do saber "aprender".

Associado ao conceito de competência, estava o discurso de empregabilidade, utilizado em Curitiba nos processos de formação e de qualificação do jovem com deficiência intelectual no período da pesquisa, entendido como um conjunto de conhecimentos, de habilidades, de comportamentos e de relações que deveriam tornar o profissional necessário para qualquer organização.

A avaliação das políticas públicas de trabalho e renda não deveriam servir como mera resposta burocrática de eficiência e de eficácia, mas como instrumento de reflexão e de efetivação das transformações sociais quanto ao processo de qualificação visando à inserção laboral. Algumas ações mais pontuais ocorreram por meio da adaptação do Telecurso 2000 com o supletivo e profissionalizante apresentados em Libras para os surdos.

Na luta contra a discriminação social, o Planfor ainda pretendia ultrapassar alguns desafios à qualificação profissional da pessoa com deficiência, quanto à relação de "diversidade e promoção da igualdade de oportunidades no mercado de trabalho" (MTE, 2000, p. 13). Pretendiam sensibilizar e preparar gestores para essa proposta, garantindo a contribuição da sociedade civil, para a qualificação destinada à pessoa com deficiência. Tinham também a meta de consolidar e ampliar experiências inovadoras a esse grupo.

Destaco alguns pontos quanto às medidas de inclusão da pessoa com deficiência, do sistema de informações da educação profissional e das parcerias entre os setores público e privado.

> [...] promover medidas que facilitem crescente inclusão da pessoa portadora de deficiência nos programas oferecidos normalmente às comunidades: facilidades de locomoção e acesso (rampas, sinalização), material didático/ equipamentos

---

[18] Segundo Maia (2002, p. 62), o conceito de competência é da década de 1980 e "baseia-se explicitamente nas capacidades individuais dos trabalhadores, de ser ou não capaz de exercer um determinado trabalho [...] é, assim, uma parte da [profissionalização]: das qualidades de responsabilidade, de autonomia, saber trabalhar em equipe". Independentemente da função e da aprendizagem, quando falamos de competência, não estamos falando unicamente de trabalho e sim de indivíduo. A competência privilegia o desenvolvimento do potencial em vez da adequação. Ela não é apenas a posse de conhecimento e de virtudes necessárias para desenvolver uma tarefa, mas a legitimação fundamentada em resultados concretos, na eficácia.

> (textos em braile, intérprete da língua de sinais, legendas em vídeos, áudios), atendimento individualizado a portadores de deficiência mental;
>
> mapear e identificar a demanda desses grupos, especialmente da pessoa portadora de deficiência, cujo universo é praticamente desconhecido, com o apoio de entidades que atuam na área [...];
>
> fomentar parcerias com o setor público e privado para dispor de alternativas de encaminhamento ao mercado de trabalho para essas populações, especialmente para vencer as barreiras contra a pessoa portadora de deficiência; estimular formas de trabalho associativo/ cooperado, que tornem o trabalhador independente e produtivo;
>
> incorporar a dimensão da diversidade e da igualdade de oportunidades nos estudos de avaliação e acompanhamento de egressos, para aferir os benefícios da qualificação para esses grupos. (MTE, 2000, p. 15-16).

Conforme citado, o Planfor objetivou algumas medidas básicas de inclusão da pessoa com deficiência (PcD) em suas parcerias institucionais, que não apresentam dados de efetivação da proposta. Está incluso o acesso da PcD por meio de adaptação arquitetônica, de adaptação de material didático e atendimento individualizado. Alternativas de encaminhamento ao mercado de trabalho formal, principalmente em cooperativas e associações, não apresentando propostas efetivas e nem especificamente destinadas às pessoas com deficiência intelectual.

Na região Sul do país, são destacadas as experiências inovadoras do Planfor para a qualificação profissional no estado de Santa Catarina. Os cursos para deficientes intelectuais seriam para as atividades na área rural, de serviços domésticos e artesanais, como as encontradas nas oficinas de formação em Curitiba, e desenvolvidas pela Associação de Pais e Amigos dos Excepcionais (Apae)[19].

No programa de educação e colocação no trabalho, a Apae realiza uma avaliação do aluno que é iniciado no programa de "pré-profissionalização",

---

[19] A Apae desenvolve um trabalho denominado de "Educação e colocação no trabalho", com plano individual de formação a ser realizado com cada jovem aluno com deficiência intelectual, oferecendo vivências em atividades práticas de trabalho, para revelar o potencial de cada futuro trabalhador. Para isso, realizam uma avaliação para o trabalho por meio de realização de entrevistas e observação direta, que especifica o grau de capacidade para executar uma tarefa ou desempenho numa função no emprego (BATISTA *et al.*, 1997).

que seria o trabalho realizado nas oficinas de formação das escolas especiais. O trabalho de formação ocorre por meio de treino de hábitos e atitudes para o trabalho, com atividades de vida diária (cuidados pessoais, socialização e comunicação), atividades práticas (por exemplo, como as desenvolvidas nas oficinas, de limpeza e conservação de ambientes, horticultura, jardinagem, criação de pequenos animais, artesanato, tapeçaria, cartonagem, reciclagem de papel e de diferentes materiais, madeira, tecido etc.), atividades complementares (teatro, dança, música, pintura e educação física), atividades acadêmicas (alfabetização, de manutenção pedagógica e de conhecimentos sobre o mundo do trabalho, como: profissões, requisitos para o trabalho, medidas de higiene e segurança no trabalho, relações humanas e normas de uma empresa) (BATISTA *et al.*, 1997, p. 22-23).

Como resultados dessa prática, são fabricados produtos dentro da instituição, que são vendidos na comunidade e que procuram ser compatíveis com a demanda do mercado. Preocupa-se em qualificar para o exercício de uma atividade, aperfeiçoar os conhecimentos adquiridos e treinar para uma posterior colocação profissional. O programa é desenvolvido por meio de atividades práticas em um ambiente simulado na instituição ou em situações reais dentro da própria empresa.

A inovação seria o programa de treinamento escola-empresa, funcionando como um empreendimento que pertence a instituição e está montado na comunidade e possui contato direto com os consumidores, num programa nos moldes das iniciativas de formação do Senac do hotel-escola, escritório-escola. Os alunos aprendizes recebem orientação dos instrutores, para adquirirem de forma progressiva habilidades em diversas tarefas inerentes ao empreendimento (BATISTA *et al.*, 1997, p. 26), mas não se fala em certificação e sim em treino.

Para a colocação profissional, é realizada uma pesquisa de mercado de trabalho, para levantamento de vagas em empresas da comunidade, que ofereçam atividades profissionais compatíveis com a qualificação da pessoa com deficiência. São realizadas entrevistas com os empregadores para apresentar as características laborativas do trabalhador com necessidades especiais, entrevista com o trabalhador e sua família de modo a preparar a transição do espaço de formação e qualificação profissional para o mercado de trabalho (BATISTA *et al.*, 1997).

A experiência da Apae ultrapassa os propósitos de qualificação do Planfor e realiza avaliação das etapas de aprendizagem profissional. Ao mesmo tempo, não supera os tipos de formação prática, artesanal e mais voltada ao trabalho informal, como as práticas presenciadas e analisadas no campo desta pesquisa, nas escolas especiais.

Para Oliveira (2006) a discussão pública ganhou novos contornos com a instituição do Plano Nacional de Qualificação (PNQ), em 2003, em substituição ao Planfor. Deu novos rumos à qualificação profissional como um conceito social, questionou a noção de empregabilidade e buscou centralizar o entendimento da política pública na perspectiva de direitos sociais e de integração.

O PNQ baseou-se na qualificação profissional integrada ao conjunto das políticas públicas, numa linha de fronteira entre o trabalho e a educação, articulando-se ao "Projeto de Desenvolvimento de caráter includente, voltado à geração de trabalho, à distribuição de renda e à redução das desigualdades regionais" (COSTA, 2006, p. 141).

Diante da análise da qualificação profissional pelas ações do Plano Nacional de Qualificação (PNQ) de 2003 a 2007, caracterizado pelo Estado como um programa de emprego, trabalho e renda, foi responsável por desenvolver ações para o jovem quanto ao primeiro emprego, no qual destaco o jovem com deficiência.

A política visou a integração versus inclusão, a retomada da ideia de trabalho e de qualificação enquanto relação social. Além disso, suas ações previam garantias de planejamento, de monitoramento, de avaliação e acompanhamento que faltaram no Planfor.

Os cursos de qualificação seguiram a nomenclatura da classificação brasileira de ocupações, articulados à educação por meio da orientação profissional, da certificação, com aumento da carga horária e visando à inserção profissional. As pessoas com deficiência foram citadas como beneficiárias dessa política de inclusão contra a discriminação, mas não encontramos até o momento ações concretas que as incluam.

Nos pressupostos do PNQ, Lima e Lopes (2005) afirmam que muitas vezes os conceitos de qualificação profissional, de educação profissional, de capacitação profissional e de formação profissional são tratados como sinônimos, evidenciando a multiplicidade de conceitos e a falta de clareza dos termos.

> Distinguimos a qualificação (relação social construída pela interação dos agentes sociais do trabalho em torno da propriedade, significando o uso do conhecimento construído no e pelo trabalho), da educação (processo sistematizado de

aquisição de conhecimentos gerais e específicos, que pressupõe a existência de um conjunto de relações entre os agentes sociais da educação, em particular entre o educador e o educando, relativas à apropriação, significado e uso do conhecimento construído pela humanidade). (LIMA; LOPES, 2005, p. 11).

Para a Sociologia do Trabalho, a qualificação profissional compreende um conjunto de conhecimentos e de condições técnicas para o exercício profissional e, seria também um requisito a ser negociado antes e durante o trabalho.

Para Hirata (1994), a questão da polarização da qualificação profissional, permeada pelo paradigma da produção que passa para o modelo das competências, foi fundada sobre a polivalência, conforme citado no capítulo 1, e a rotatividade das atividades advindas do modelo japonês. O foco passa a ser o trabalhador com suas aptidões pessoais para o desenvolvimento do emprego, afastando a ideia das relações sociais intrínsecas ao conceito de qualificação dos empregos e dos trabalhadores. A visão de competência tende a minimizar a reflexão presente no conceito de qualificação.

Segundo Stroobants (1993), as relações entre os conceitos de qualificação e de competência são muito divergentes nos estudos de sociologia. Podem aparecer como noções intercambiáveis. Muitas vezes a qualificação aparece como uma qualidade do trabalho e a competência como um saber fazer, num sentido de profissionalização do conhecimento técnico que pode ser aprofundado pela tecnologia.

Para Oliveira (2005), o Estado passou a ter a tarefa de implementar ações, no sentido de monitorar os problemas sociais causados pelo desemprego, criando formas de estimular e de complementar a atuação do mercado para a geração de trabalho, emprego e renda. Reforçou a necessidade da constituição de um sistema público de emprego integrado às políticas de desenvolvimento econômico e social, trazendo à tona o debate da democratização das relações de trabalho, nelas incluídas as pessoas com deficiência, seja pela necessidade de investir em formação e qualificação ou pelas reservas de vagas no mercado de trabalho.

Na dimensão de política pública que envolve investimento educativo, a qualificação social e profissional (OLIVEIRA, 2005), deveria envolver o caráter formativo, de orientação profissional e de certificação, como garantia de acesso e de permanência do trabalhador ao mundo do trabalho.

Mais especificamente, no que se refere à educação e a formação profissional, Pochmann (2001) menciona que existe uma inadequação desta, em relação ao "aparelho produtivo". As circunstâncias em que se inserem a educação profissional e a qualificação retratam um momento de transição para a nova economia produtiva, que impõe a formação continuada.

Para Pochmann (2001), uma renovação da formação profissional dos trabalhadores deveria integrá-la aos desafios recentes da economia brasileira, envolvendo os setores governamental, empresarial e de trabalhadores. Visa desenhar uma nova formação, culminando numa melhor transição do sistema educacional para o setor produtivo, articulando também ações públicas para o mundo do trabalho e de desenvolvimento econômico.

A maioria dos programas parte da premissa de que os jovens necessitam de formação específica para o trabalho, que poderia integrar aspectos básicos de leitura, de escrita e de raciocínio lógico matemático, com períodos maiores de formação. Esse movimento ocorre, em alguns momentos, nas escolas especializadas em Curitiba.

Para compreender o processo de formação profissional da pessoa com deficiência, em especial do deficiente intelectual, devemos ter em mente o processo histórico social que segregou essas pessoas em instituições especializadas.

Esses resquícios da tradição foram percebidos no campo de pesquisa, que apresentou um processo formativo da PcD que mescla atividades manuais, mais de cunho comportamental e terapêutico, com uma ainda recente preocupação de prática formativa e laborativa.

A formação deles passa pelo treinamento de rotinas diárias, como: do caminho de casa para o trabalho, do reconhecimento de suas capacidades e potencialidades, tanto para os jovens com deficiência, quanto para suas famílias e empresas empregadoras. Esses trabalhadores muitas vezes são visualizados como incapazes socialmente, até mesmo por seu grupo familiar.

Assim, entendemos que as questões ligadas à formação e a qualificação não deveriam ser tratadas individualmente, mas coletivamente, pois configuram questões de ordem mais ampla, no âmbito da sociedade.

No Brasil, as qualificações profissionais foram "polarizadas" num modelo chamado da competência. Conforme Santana e Ramalho (2004, p. 24), "nele, a qualificação real dos trabalhadores passa a constituir-se a partir das características tais como o conjunto de competências implementadas no trabalho, articulando vários saberes, que seriam advindos de múltiplas esferas".

Assim, apareceram alguns problemas quanto à inserção dos trabalhadores no processo produtivo, devido ao gerenciamento das competências.

As empresas passaram a exigir e fazer uso das aquisições individuais dos trabalhadores. A formação profissional passa a correr o risco de reduzir-se aos interesses e necessidades do capital, dando mais importância ao resultado do que ao processo.

Para isso, as instituições de educação especial passaram a desenvolver práticas que chamam de empregabilidade, isto é, de tornar o jovem empregável — preparado para o mercado de trabalho. Chamou a atenção durante as entrevistas a constante utilização do termo empregabilidade, como destaco a seguir:

> *Na empregabilidade a gente vê não só a inserção do aluno no mercado de trabalho. Tentamos promover o aluno que não tem condições de ir para o mercado formal de trabalho, inserindo-o em alguma ocupação, alguma coisa que ele possa estar fazendo.* (Entrevistado n.º 21, gestor da educação, 2010).

> *Empregabilidade é uma habilidade para o emprego. Essa questão de empregabilidade significa preparar para o emprego ou trabalhar questões para o trabalho.* (Entrevistado n.º 12, profissional da saúde, 2010).

> *Empregabilidade é um conceito que existem teóricos da educação, inclusive questionando este termo. Porque ele, de certa forma, coloca os interesses do empresariado nessa questão. Empregado seria aquele indivíduo que atenderia as necessidades das empresas. Nas escolas especiais, na educação especial, ele tem mais a conotação de uma preparação para o trabalho, dentro das condições gerais para o ingresso no mundo do trabalho formal.* (Entrevistado n.º 13, gestor da educação, 2010).

O termo empregabilidade adentrou as escolas especiais e foi comumente referido à preparação e a colocação profissional, não muito claramente utilizado. Um único profissional demonstrou clareza do termo enquanto aproximação com o "mundo" empresarial, sem expressar a ideia de precarização, de flexibilização que traz em seu bojo, justificada pela ideia de competência individual.

Minarelli (1995, p. 11) nos apresenta a conceituação de empregabilidade numa visão empresarial, afirmando que "mais importante do que ter emprego é ter empregabilidade". E continua, a empregabilidade "é a condição de ser empregável, isto é, de dar ou conseguir emprego para os seus conhecimentos, habilidades e atitudes intencionalmente desenvolvidos por meio de educação e treinamento sintonizados com as novas necessidades do mercado de trabalho".

O termo nos remete a uma "venda" de potencial do trabalhador, de sua "competência", ajustando-se às demandas e a lógica do mercado, com empregos mantidos por períodos mais curtos e com as exigências de qualificação profissional sendo ampliadas. O contexto da precarização, da flexibilização dos postos de trabalho, encaixa-se a esta lógica.

Conforme a visão de Minarelli (1995), a empregabilidade seria a capacidade de prestar serviços, terceirizados, informais ou não e, assim, obter trabalho, exigindo um trabalhador polivalente e descoberto das proteções legais. Numa lógica perversa de prestação de serviços, passa a ideia de se ter trabalho e não emprego. Tornar-se útil quando o mercado precisar desse trabalhador e igualmente descartável e substituível.

Responsabiliza exclusivamente o trabalhador pelo desenvolvimento de sua atividade profissional para o mundo do trabalho e não necessariamente para um emprego formal, com o vínculo empregatício, que assegura benefícios e direitos trabalhistas.

Nas entrevistas com os jovens com deficiência intelectual, ficou claro que almejam um emprego formal e a empregabilidade para o qual têm sido formados nas oficinas de formação.

Segundo Minarelli (1995, p. 37), "o termo equivalente é *employability*: a condição de dar emprego ao que se sabe, [numa] habilidade de ter emprego". Seria uma forma de ter trabalho genericamente, numa precarização constante e num disfarce de maior autonomia. Passíveis de prestarem "serviços terciários e quaternários" para as grandes empresas.

Para Santana e Ramalho (2004, p. 25-26) a

> [...] empregabilidade poderia ser definida como a capacidade da mão-de-obra de se manter empregada ou encontrar novo emprego quando demitida, em suma, de se tornar empregável.

Essa definição está em consonância com as demais já apresentadas, caracterizando as ações do trabalhador que busca a inserção laboral pela adaptação, seja ela de ordem comportamental, educacional e ou social. No que diz respeito à qualificação:

> [...] a baixa qualificação e até mesmo a baixa escolaridade da força de trabalho no país, muitas vezes utilizada como argumento justificativo dos obstáculos à modernização, deve-se chamar atenção para o fato de que as mesmas foram resultado, entre outros fatores, de uma demanda que vinha sendo formada há tempos por um processo de recrutamento taylorista. (SANTANA; RAMALHO, 2004, p. 37).

Isso tenta justificar até mesmo os postos de trabalho que as pessoas com deficiência intelectual estão sendo inseridas, nas redes de supermercados, com baixa qualificação e resultando em baixas remunerações.

> Formar para a empregabilidade significa também formar para o trabalho precário e para o desemprego, numa lógica que transforma a dupla trabalho/ falta de trabalho numa união inseparável, visto que a acumulação capitalista produz constantemente, em proporção à sua intensidade e à expansão, uma população excedente, supérflua e desprovida de meios materiais e de meios de procurar trabalho. (SOUSA, 2008, p. 173).

Assim, a crítica do autor à empregabilidade é relevante e chega ao centro da contraditoriedade do conceito, da via de mão dupla entre o trabalho e o não trabalho. Ao mesmo tempo em que o trabalhador é precarizado pela falta de garantias legais, dadas pelo emprego formal, passa a ser vítima de uma desvalorização de sua mão de obra, informal e associada a uma formação, muitas vezes aligeirada por cursos como vimos do Planfor, que pouco correspondem às exigências do mercado de trabalho formal. Tornam-se reféns da flexibilização e da reestruturação produtiva, levando-os muitas vezes à exclusão social.

Pochmann (1999) também destaca um ponto crucial, ligado a ideologia da empregabilidade e a qualificação profissional.

> [...] é colocado como uma solução quase individual, do ponto de vista do trabalhador. Aquele que se qualificou teria maior empregabilidade, ao contrário do que não se qualificou. De certa maneira, essa visão faz com que o problema do emprego seja de ordem individual: se alguém conseguiu emprego é porque conseguiu se qualificar; o que não conseguiu emprego é porque não teve êxito na qualificação. (POCHMANN, 1999, p. 15).

O modelo de empregabilidade versus competência profissional foi sendo desenvolvido a partir da década de 1990, com todos os problemas enfrentados mundiais da globalização e reestruturação produtiva. Contraditoriamente, o que vivemos atualmente corresponde à busca, à legitimação dos direitos legais dos trabalhadores, num mundo do trabalho que ainda exclui uma parcela considerável de trabalhadores, destacando os trabalhadores que possuem algum tipo de deficiência.

Assim, as políticas públicas da década de 1990 pouco contribuíram para a eficácia da qualificação oferecida, ocasionando culpabilização do trabalhador com deficiência devido à limitação da deficiência vista em contrapartida das possibilidades de trabalho, em não conseguir qualificar--se dignamente e muitas vezes não encontrar a inserção e manutenção da atividade laboral.

O trabalhador com deficiência intelectual continua a ser formado e qualificado profissionalmente num modelo de competências e habilidades, conforme o modelo da empregabilidade, como veremos na análise das entrevistas. E como a pessoa com deficiência tem sido representada e inserida no mercado de trabalho no Brasil?

CAPÍTULO 3

A PESSOA COM DEFICIÊNCIA E O MERCADO DE TRABALHO FORMAL

Os estudos realizados sobre o mercado de trabalho[20] entre as décadas de 1980 e 1990 enfocam a diversificação dos padrões de organização do trabalho na cadeia produtiva, com o aumento dos descompromissos contratuais, com a descontinuidade do trabalho e com maiores períodos de desemprego e de exclusão de uma grande parcela de trabalhadores.

No Brasil, ainda na década de 1980, inicialmente marcada pela crise industrial da economia, advinda do período anterior e sentida em meio ao cenário internacional de profundas dificuldades financeiras, os primeiros anos deste período foram de recessão e de inflação, de desvalorização da moeda nacional e de baixa significativa nos salários dos trabalhadores (TAUILE, 2001).

Na década de 1990, o retrato brasileiro era da crise financeira, que atingiu o mundo do trabalho e resultou no processo de reestruturação produtiva, econômica, na redução dos postos de trabalho, principalmente na modalidade de emprego formal. Segundo Tauile (2001, p. 249) "O desemprego cresceu em taxas até então não atingidas, a precarização do emprego ampliou-se, assim como a desigualdade e a exclusão social".

A crise do trabalho teve o seu agravamento pela diminuição do emprego, desencadeando maiores exigências de escolarização e de qualificação para o exercício da atividade laboral. No final da década de 1990, devido aos níveis de desemprego, tornou-se aparente o insucesso de políticas públicas sociais incluindo as de qualificação, como as analisadas no capítulo anterior.

Os desafios ao mercado de trabalho nacional prescrevem medidas de reconstituição da economia, com base na integração e na inclusão social e do trabalho, de parcelas da população cada vez mais marginalizadas, nas quais citamos os jovens com deficiência intelectual, objetos desta pesquisa.

---

[20] Outhwaite e Bottomore (1996, p. 460-461) conceituam o mercado de trabalho como um conjunto abstrato e variado de "arranjos institucionais que comandam a alocação e os preços dos serviços de trabalho nas economias capitalistas". Ainda, o trabalho humano passa a ser "comprado e vendido" sob concorrência, com os salários estabelecidos na relação de oferta e demanda.

O mercado de trabalho, segundo Guimarães (2003), passa a ser impulsionado pela padronização, flexibilização e terceirização do processo produtivo. Tal tendência traz novas exigências de educação, formação e qualificação profissional, conforme a lógica capitalista em que se encontram imersas as pessoas com deficiência.

A integração social, conforme os pressupostos de Sassaki (1997, p. 34), e pensando o mercado de trabalho, consistiria no esforço da sociedade para inserir as pessoas com deficiência que fossem capazes de atingir um nível de competência aproximado aos padrões sociais vigentes. Não ocorreria, nesta ideia, a priori, a adaptação de espaços, de práticas sociais e de trabalho mais adequadas às pessoas com deficiência.

> A ideia de integração surgiu para derrubar a prática da exclusão social a que foram submetidas as pessoas com deficiência por vários séculos. [...] a integração social, [...] no esforço de inserir na sociedade pessoas com deficiência que alcançaram um nível de competência compatível com os padrões sociais vigentes. A integração tinha e tem o mérito de inserir o portador de deficiência na sociedade, sim, mas desde que ele esteja de alguma forma capacitado a superar as barreiras físicas, programáticas e atitudinais existentes. (SASSAKI, 1997, p. 30-31, 34).

Conforme o citado, a ideia de integração seria o oposto da exclusão, consistindo numa possibilidade de participação social da PcD, desde que a pessoa com deficiência se adapte às exigências sociais e do mercado de trabalho.

A visão sociológica de Maia (2002), quanto à integração social, consistiria no acesso, na incorporação reconhecida de um indivíduo a um novo grupo. A pessoa nesse sentido, adapta-se a um novo modo de viver que não seria o seu de origem. Na integração, ocorreria a combinação dos elementos do grupo receptor e do integrante, de uma forma mais harmoniosa, que corresponderia à inserção, seja ela social e ou profissional.

Sassaki (1997) também nos apresenta um elemento novo, que categoriza como inclusão social. Poderíamos interpretá-lo como um conceito de integração social ideal, de um processo contínuo de aceitação e de transformação social, em que as práticas seriam maximizadas a fim de que a sociedade possa se reestruturar para incorporar as pessoas com deficiência.

> Conceitua-se a inclusão social como o processo pelo qual a sociedade se adapta para poder incluir, em seus sistemas sociais gerais, pessoas com necessidades especiais e simultaneamente, estas se preparam para assumir seus papéis na sociedade.

> A inclusão social constitui-se, então, um processo bilateral no qual as pessoas, ainda excluídas, e a sociedade buscam, em parceria, equacionar problemas, decidir sobre soluções e efetivar a equiparação de oportunidades para todos. (SASSAKI, 1997, p. 41).

De certo modo, as práticas legais de inserção laboral da PcD pela Lei de Cotas têm impulsionado esse movimento, porque algumas instituições sociais, como as empresas, por exemplo, têm percebido que para conseguirem se adequar e cumprir as exigências legais, precisam se adaptar e, em contrapartida, esperam que a pessoa com deficiência aprimore sua formação e qualificação profissional para manter-se no mercado de trabalho formal. Nesse sentido, o trabalho corresponderia a uma porta de entrada para a legitimação social da pessoa com deficiência intelectual.

Assim, conforme Batista *et al.* (1997), o trabalho da pessoa com deficiência nessas novas relações de trabalho, passa a se configurar como a finalização do atendimento e a possibilidade de participação na sociedade, por meio de uma atividade rentável e que corresponda a sua capacidade de realização.

A deficiência no sentido sociológico está associada a outras formas de exclusão como a pobreza, por exemplo. Como afirma Fernández (2005, p. 190), a "deficiência guarda relação com outras formas de exclusão, como é o caso da pobreza que, de certo modo, acentua-a e a torna mais evidente".

Não existe, nas palavras do autor citado, uma teoria social da deficiência, mas um processo, que mostra as barreiras institucionais e ideológicas, processos estruturais de exclusão e discriminação, impostos pela sociedade. E ainda, para Fernández (2005, p. 190), "deficiência não é inerente ao indivíduo, mas à estrutura social e aos mecanismos de exclusão operantes, ou seja, ela é produzida socialmente".

Diniz (2007, p. 19-20) reconhece a deficiência como um conceito complexo e denuncia que é "a estrutura social que oprime a pessoa deficiente". Considera a deficiência como uma característica de identidade contrastante e de interação social, que contraditoriamente pode expressar uma "desvantagem social" e representar a diversidade humana.

A autora vai de encontro às ideias de Fernádez (2005), ao reafirmar que a estrutura social dificultaria até mesmo a integração social da pessoa com deficiência. Quando Diniz (2007) aborda a desvantagem social, reverte a situação para um olhar de diversidade humana, que também foi defendido pelas políticas públicas de qualificação profissional da década de 1990, no Brasil.

Vemos que a inserção da pessoa com deficiência também tem sido analisada por estes dois vieses: primeiro, da defasagem, necessitando de uma política afirmativa como da Lei de Cotas, para combater formas de exclusão, e segundo, pela diversidade, quando admite que as pessoas com deficiência dentro dos Direitos Humanos possuem a necessidades próprias, diversas e por isso devem ser reconhecidas como tal, em nosso caso, como trabalhadores.

Carvalho-Freitas (2007), em sua tese sobre "A inserção de pessoas com deficiência em empresas brasileiras", trabalha com as concepções de deficiência pensando nas possibilidades de inserção no mercado de trabalho e a pessoa é entendida dentro da categoria de estranhamento.

Afirmou que a forma como observamos e nos relacionamos com uma pessoa com deficiência depende de nossas concepções prévias, isto é, do sentido que damos às suas representações sociais. Define seis matrizes de interpretação da deficiência, pensando num modelo social, de tipo ideal. Segundo Carvalho-Freitas (2007, p. 60), são estas as matrizes:

> Da subsistência/sobrevivência, com vistas a integração da PcD mediante comprovação de suas contribuições sociais efetivas, por meio do trabalho e visando a manutenção da sociedade;
>
> da sociedade ideal, sem possibilidade de integração e que seria excludente por descartar aqueles que não se adequam aos padrões estabelecidos socialmente;
>
> a espiritual, que segregaria pessoas com deficiência em instituições de caridade, separadas da sociedade
>
> da normalidade, com a segregação ocorrendo em instituições hospitalares, psiquiátricas ou voltadas a trabalhos que possam ser realizadas adequações sociais (terapêutica), com aproximação a doença mental;
>
> a da inclusão social, que a partir das transformações sociais, os espaços públicos se tornam mais acessíveis a todos;
>
> e a técnica, com a inclusão das pessoas com deficiência em gestões de trabalho, como um recurso dentro das empresas e que visaria a diversidade das relações sociais.

Encontramos, no campo de pesquisa, a influência de algumas matrizes, como as apontadas por Carvalho-Freitas (2007), no que se refere ao tratamento dado ao jovem com deficiência intelectual, seja pela legislação vigente, pelas instituições de formação, pelos profissionais da educação e da saúde, pelas famílias deste jovem especial ou pelas empresas.

A matriz de subsistência/sobrevivência foi identificada na legislação trabalhista, ao assegurar a proteção da pessoa com deficiência. Num comparativo, o discurso dos profissionais da educação, que também estão preocupados com a subsistência de seus alunos, quando terminam a escolarização, que corrobora com esta afirmativa.

A da inclusão social, seria o ideal buscado na atualidade, quando é pensada a inserção laboral da PcD, como nos apresentou Sassaki (1997). As instituições formadoras e de qualificação almejam que a sociedade também se adapte a pessoa com deficiência, seja pelas relações sociais e de trabalho, minimizando também as barreiras arquitetônicas e de transporte.

Quanto à inserção e à inclusão no mercado de trabalho da pessoa com deficiência, destaco conforme algumas falas das entrevistas:

> [...] *Primeiro é mostrar a real capacidade do trabalhador com deficiência, diria pra você que nesse sentido é a sensibilização do empregador e da empresa que faz a diferença. [...].você mostra que a pessoa com deficiência, não importa muitas vezes qual é o grau de deficiência, mas que ela é realmente capaz de exercer uma função. Então quando nós avaliamos a conscientização do empregador ou da empresa, para a necessidade de contratação e aliamos isso ao convencimento de que a pessoa contratada com deficiência pode realmente desempenhar uma função. [...] As empresas ainda não estão cientes, na grande maioria delas, de que existe essa possibilidade da contratação. Hoje, a maioria das empresas contratam para cumprir a Lei de Cotas, apenas por essa razão e não querem ser multadas.* (Entrevistado n.º 25, empresa, 2010).

> *Para a colocação no mercado de trabalho tínhamos enfrentado em outros espaços essa dificuldade de que o aluno permanecesse no mercado de trabalho, embora a colocação acontecesse e a questão da conscientização das famílias da importância do trabalho, a conscientização dos alunos e a abertura de espaço para que eles fossem empregados.* (Entrevistado n.º 20, gestor educacional, 2010).

> *Desde que nós começamos o trabalho de inclusão dentro da empresa, para quem trabalhava ficou uma coisa bem entendida que é a questão da inclusão. A gente passa na integração que têm funcionários com deficiência que trabalham na empresa, explicamos quais são as deficiências e sempre pedimos o respeito. Que se tiver algum problema com o funcionário que procure o serviço social ou o RH para a gente desmistificar.* (Entrevistado n.º 25, empresa, 2010).

As empresas pesquisadas demonstraram uma visão positiva de organização e de adequação para o recebimento do trabalhador com deficiência em seu quadro funcional, se aproximando aos pressupostos da inclusão social. Muitas das empresas fizeram um trabalho de acompanhamento do quadro de profissionais existentes na instituição e dos trabalhadores com deficiência contratados, informando e pedindo o respeito de todos.

Goffman (2008, p. 138), ao analisar o desvio como "o que se afasta do comum", aos olhos do outro, e sendo considerado indigno, incompleto, inferior, nos ajuda a pensar o mercado de trabalho pelos conceitos de desvio e estigma. O estigmatizado, destoante, desviante e o normal também podem evitar o contato uns com os outros, tentando minimizar o problema do enfrentamento e permanecendo com seus iguais, como apareceu na pesquisa.

> *Geralmente os trabalhadores com deficiência procuram ficar com colegas com a mesma deficiência, mas sempre existe aproximação de outras pessoas. Às vezes eles acabam até fazendo amizade com outros colaboradores.* (Entrevistado n.º 25, empresa, 2010).

A pessoa com deficiência intelectual no mercado de trabalho pode ser estigmatizada pelo outro. Torna-se muitas vezes mais destoante do que desviante, com relação aos colegas de trabalho, antes que suas capacidades sejam conhecidas pela empresa e terá que conquistar o seu lugar social, enquanto trabalhador.

Neste sentido, vale ressaltarmos a teoria das representações coletivas e sociais, no que se refere às formas de socialização responsáveis pela consciência coletiva. Durkheim elaborou o conceito de representação coletiva para distinguir o pensamento social do individual, variando de uma sociedade para outra. Demonstra como o grupo se relaciona com os objetos que o afetam.

Segundo Lukes (2009, p. 18), Durkheim passou a utilizar o conceito de representação coletiva, quando afirmou que a vida social é feita essencialmente de representações. Estas seriam estados de consciência coletiva, expressões de um grupo, no que concerne a si mesmo e em suas relações com os objetos que os afetam.

Durkheim faz uso da dualidade para explicar as representações, como o "modo de pensar, conceber ou perceber quanto ao que é pensado, concebido ou percebido. [...] as representações coletivas são geradas socialmente e que se referem à sociedade, e de algum modo são 'sobre' ela" (LUKES, 2009, p. 19).

Assim, as representações coletivas, para Durkheim, são o substrato dos indivíduos associados ao grupo e não podem ser explicadas pelo indivíduo em si. Constituem um conhecimento prático do senso comum, que se ocupam da vida cotidiana.

Esse conceito foi retomado pela psicologia social, como na obra de Moscovici que afirmou existirem "dois universos: o reificado, formado por cientistas, especialistas, técnicos e o consensual formado pelo senso comum e pelas características da realidade socialmente apropriada" (NOHARA *et al.*, 2009, p. 76).

Conforme o citado, a representação social passa a ser construída no cotidiano das relações sociais do senso comum, como um conhecimento prático, particular, que se tornaria inteligível pela realidade social, "sendo possível elaborar comportamentos, liberar os poderes da imaginação e, numa ligação cotidiana de trocas, possibilitar a comunicação entre os indivíduos" (GIORDANO, 2000, p. 65), sejam eles deficientes ou não.

Essa realidade é assimilada e reconstituída a nível individual pelos sujeitos e integra o sistema de valores e de normas sociais. Seria um conhecimento prático de significação que o indivíduo atribui a sua realidade social e é expresso pela linguagem; mediante a interrelação com os conteúdos que circulam pela sociedade e por suas formas de interação social (GIORDANO, 2000).

As representações sociais são elaboradas a partir de quadros de percepções que formam os valores, as ideologias e as categorias sociais partilhadas por um grupo. Os conceitos de representações coletivas e sociais ajudam-nos a compreender os espaços ocupados pelo jovem com deficiência intelectual no mercado de trabalho, que, até o momento, seriam em funções simples, secundárias e de pouca visualização social. A seguir, serão discutidas e analisadas as representações legais da inserção laboral da pessoa com deficiência.

3.1 VISUALIZAÇÃO DA INSERÇÃO DA PESSOA COM DEFICIÊNCIA NO MERCADO DE TRABALHO

> A Convenção n.º 159, da Organização Internacional do Trabalho (OIT), foi ratificada pelo Brasil por meio do Decreto Legislativo nº 51, de 28 de agosto de 1989. [...] Representando a posição mais atual da OIT, seu princípio basilar esteia-se na garantia de um emprego adequado e na possibilidade de integração ou reintegração das pessoas com deficiência na sociedade. (MTE, 2007, p. 10-11).

Os estados devem ratificar essa Convenção pela aplicação de uma política nacional de emprego à pessoa com deficiência, com garantias legais de efetivação, que beneficiem todos nessa condição. A política baseia-se na oportunidade de trabalho entre trabalhadores com deficiência.

Devem

> [...] dispor de serviços de orientação, de formação, de colocação, de emprego [...] bem adaptados às suas necessidades. O convênio prevê, além disso, medidas em favor do desenvolvimento da formação e da disponibilidade de assessores especializados. (MTE, 2007, p. 13).

Em 2006, a Organização das Nações Unidas (ONU) aprovou a "Convenção Internacional de Direitos da Pessoa com Deficiência, primeiro documento de Direitos Humanos do século XXI e o oitavo da ONU" (MTE, 2007, p. 13).

Esse instrumento levantou que existem 650 milhões de pessoas com deficiência em todo o mundo, que devem ser consideradas além do aspecto clínico e a Convenção Internacional passou a utilizar as definições de limitações físicas, intelectuais ou sensoriais, incluindo a dimensão social. O trabalho deve ser prescrito a PcD de forma digna e integral, reforçando as ações afirmativas.[21]

Assim, conforme as determinações legais, o Censo Demográfico de 2000, do Instituto Brasileiro de Geografia e Estatística (IBGE), nos fornece dispositivos para a compreensão desses novos trabalhadores. O que o Censo incluiu:

> [...] pela primeira vez, questões referentes à contagem e caracterização das pessoas com deficiência, permitindo que se conhecesse melhor a situação dessa parcela da população, muitas vezes ignorada e desconhecida do conjunto da sociedade, fornecendo parâmetros de grande importância para todos os que se preocupam com a inclusão social, e com o resgate dos seus direitos de cidadania. (NOHARA *et al.*, 2009 *apud* JAIME; CARMO, 2005, p. 47).

Nesse sentido, o Brasil pós-Constituição de 1988 vem ampliando gradativamente a visualização social dessa população pelos dispositivos legais. O Censo Demográfico do IBGE de 2000 nos informou que 24,6 milhões de pessoas têm algum tipo de deficiência, equivalente a 14,5% da população nacional. As pessoas com deficiência que declararam estar trabalhando, na

---

[21] As ações afirmativas segundo o MTE (2007) instigaram, num primeiro momento, o Estado a tomar decisões em prol dos excluídos e a pressão organizada desses grupos impulsiona o movimento por políticas compensatórias, como da Lei de Cotas.

maior proporção, estavam no setor de serviços (31,5%), corroborando com os dados sobre a ampliação de vagas de emprego formal.

Conforme a Relação Anual de Informações Sociais (Rais), o ano de 2001, no Brasil, apresentou um significativo crescimento do emprego formal de 3,66% com relação ao ano de 2000, mesmo que com queda dos salários pagos. Esses dados reafirmam a tendência pós-década de 1980 e 1990.

A pessoa com deficiência passa a aparecer no anuário do Rais somente a partir do ano de 2007, com dados que revelam a breve entrada desses trabalhadores no mercado de trabalho formal. Os que estavam inseridos em empregos formais representavam apenas 1% desta população, com 2,41% de deficientes intelectuais sendo empregados, perdendo apenas para os com deficiências múltiplas.

Os salários pagos estavam um pouco acima da média dos rendimentos dos trabalhadores com vínculos formais, mas por outro lado a "deficiência mental [intelectual] são os que revelam o menor rendimento" (RAIS, 2009, p. 14).

Nos dados da Rais de 2008, continuou evidenciada a expansão geral dos empregos em termos absolutos, com maior aumento de vagas no setor de serviços, de comércio, da indústria de transformação e da construção civil.

Quanto aos trabalhadores com deficiência, no referido ano, foram declarados 323,2 mil empregos no mercado de trabalho formal. Mesmo assim, essa taxa representou um recuo com relação ao ano anterior, de 2007, que tinha um total de 348,8 mil postos de trabalho. Os trabalhadores com deficiência intelectual continuam sendo o penúltimo grupo a ser empregado e com menores rendimentos.

Já em 2009, a Rais apresentou uma discussão mais ampla sobre as estatísticas do emprego formal e dos rendimentos com "vistas a subsidiar o desenvolvimento de políticas públicas de emprego e renda, buscando reduzir as desigualdades de oportunidades existentes" (RAIS, 2009, p. 1).

A formalização dos trabalhos continuou a apresentar crescimento, numa expansão quase generalizada no território nacional. Em contrapartida, essa ampliação exigiu mão de obra com maior nível de escolaridade e com pouco aumento na remuneração média.

> As informações da RAIS tomando como referência o grau de instrução mostram uma queda na geração de emprego para os níveis com menor grau de escolaridade, até o ensino fundamental incompleto, para ambos os gêneros, e um aumento dos vínculos empregatícios para todos os níveis de instrução a partir do ensino fundamental completo. (RAIS, 2009, p. 8).

Do total de 41,2 milhões de vínculos empregatícios declarados, 288,5 mil postos de trabalho estavam sendo ocupados por pessoas com deficiência, representando redução com relação a 2007 e 2008. Os deficientes intelectuais continuaram sendo o grupo com menos contratos de trabalho e menor remuneração com relação aos demais, ainda mais quando associadas às exigências de escolarização e qualificação destes trabalhadores.

> [...] ao tomar como base o recorte de rendimento por grau de instrução, percebe-se, em geral, que os trabalhadores com maior nível de escolaridade são aqueles [que recebem] maiores remuneração, mostrando uma correlação positiva entre o rendimento e a escolaridade. (RAIS (2009, p. 18).

Por meio da análise de dados, podemos afirmar que os deficientes intelectuais representam uma minoria, um grupo de vulneráveis na sociedade, devido a sua condição econômica, social e cultural de desfavorecidos. No que se refere ao emprego e à renda, esse grupo, no geral, continua dependendo do amparo legal como da Lei de Cotas, devido à falta de comprovação de escolaridade e de baixa qualificação profissional.

A dificuldade em conseguir e manter um emprego atinge toda a parcela da população, que tem baixa escolarização e qualificação profissional. Segundo Pastore (2000, p. 77) "no caso dos portadores de deficiência [pessoas com deficiência], o problema é ampliado, devido à combinação de suas limitações com o descaso da sociedade". Acrescentaria ao descaso a exclusão e o desconhecimento das capacidades desses trabalhadores.

Os dados do Caged, no Brasil, do primeiro quadrimestre de 2010 quanto aos indicadores do mercado de trabalho para as pessoas com deficiência, confirmam a pouca ampliação de postos de trabalho para este segmento e que os deficientes intelectuais passam a ser os últimos a conseguirem emprego.

No que se refere aos salários auferidos, os dados do Caged mostram que não ultrapassam a 1,5 salários. Na pesquisa, a média salarial relatada no setor de serviços foi de um salário-mínimo e, na indústria, de no máximo dois. A exigência por maior instrução continua ocorrendo.

Segundo Schwarz e Haber (2006, p. 40), o

> [...] baixo grau de instrução das pessoas com deficiência contribui para uma alta concentração desse público em cargos de baixa remuneração, na base da pirâmide corporativa, e não garante perspectivas de crescimento profissional.

Esta afirmação vai ao encontro do que foi verificado na pesquisa, cujos entrevistados consideram o baixo nível de instrução e de qualificação profissional um agravante para o recebimento de baixos salários. Mas não se resume a isso, a representação coletiva e social da deficiência enquanto imperfeição, limitação e doença, tem agido como um impeditivo de colocação profissional no mercado de trabalho.

As diferenças de dados do segundo quadrimestre com relação ao primeiro revelam que o comércio, com o setor de serviços, mais contratou pessoas com deficiência. Os jovens continuaram a ter maior absorção no mercado de trabalho, seguido do aumento da faixa etária de 30 a 39 anos. Em média, esses trabalhadores com deficiência permanecem no trabalho por dois anos.

Esses dados afirmam que as pessoas com deficiência mais jovens são as que estão presentes no mercado de trabalho. Pastore (2000) nos dá indícios de que essa população jovem busca ser visualizada como força de trabalho útil, trabalhadores de direito e que podem ser empregados.

Em 2009, em Curitiba, foi realizado um estudo pelo observatório do trabalho, da Secretaria Municipal do Trabalho e Emprego em parceria com o Dieese, sobre a pessoa com deficiência no mercado de trabalho formal, na capital. Segundo os dados da SMTE/ Dieese (2009), Curitiba possuía "6.170 trabalhadores formais com deficiência, o que representa aproximadamente 30% do total dos trabalhadores formais com deficiência no estado do Paraná, e praticamente 80% do total da região metropolitana", com predomínio de trabalhadores na faixa etária de 30 a 39 anos, como podemos observar na Figura 1.

Figura 1 – Número de trabalhadores formais com deficiência por faixa etária e sexo – Curitiba, dez. 2007

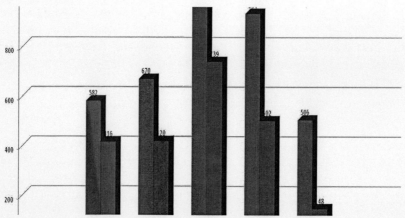

Fonte: Rais/2007. Ministério do Trabalho e Emprego Elaboração: Dieese (SMTE, 2009)

Essa população pode ser caracterizada como sendo urbana, distribuída em maior número no setor de serviços (39,9%), como na média nacional, e também com altas taxas de contratação nas indústrias (12,7%), como podemos observar na figura a seguir.

Figura 2 – Número de trabalhadores formais com deficiência por setores de atividade econômica – Curitiba, dez. 2007

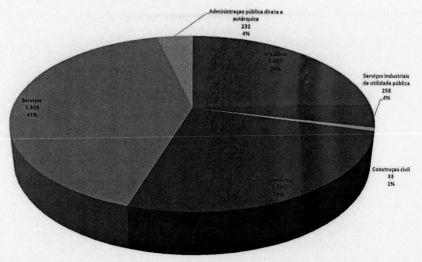

Fonte: Rais/2007 Ministério do Trabalho e Emprego. Elaboração: Dieese[22]

Conforme os dados, no caso "da indústria, uma das causas dessa alta participação pode estar relacionada ao tamanho dos estabelecimentos — maiores — e, portanto, à maior obrigatoriedade de contratação de pessoas com deficiência pelos mesmos" (SMTE / Dieese, 2009, s/p). As empresas de médio e grande porte, ou com mais de cem funcionários, por obrigatoriedade da Lei n.º 8.213/91 de Cotas devem contratar trabalhadores com deficiência.

A remuneração média para PcDs estaria na faixa de um salário-mínimo e meio, com as mais baixas remunerações no setor de produtos alimentícios, bebidas e álcool, com destaque na rede de supermercados, que é uma significativa empregadora desses trabalhadores.

---

[22] Nota: exclusive Extrativa mineral e Agricultura, silvicultura, criação de animais, extrativismo vegetal (SMTE, 2009).

Figura 3 – Remuneração média do trabalhador formal com deficiência por capitais do Sul do Brasil em

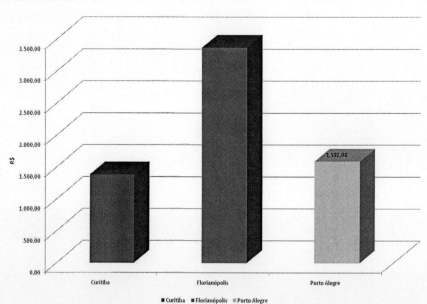

Fonte: Rais/2007 Ministério do Trabalho e Emprego Elaboração: Dieese (SMTE, 2009)

Em Curitiba, no ano de 2007, quanto ao total de trabalhadores empregados, menos de 1% eram pessoas com deficiência, reforçando a baixa inclusão desse segmento no mercado de trabalho brasileiro.

Conforme os dados do IBGE (2022), com dados da participação da pessoa com deficiência no mercado de trabalho de 2019, num estudo comparativo entre pessoas com deficiência e sem deficiência, em todas as análises o primeiro grupo ficou em desvantagem em todos os critérios, como já observado na pesquisa com os dados de 2007.

A taxa de participação das pessoas com deficiência, em 2019, era de 28,3% e para as sem deficiência, de 66,3%. Com relação à ocupação de postos de trabalho formal, as pessoas com deficiência tinham taxa de 34,3% de participação e as sem deficiência, de 50,9%. As pessoas com deficiência também tinham remuneração menor que as sem deficiência, por estarem concentradas em atividades com menor rendimento, como vimos na pesquisa.[23]

---

[23] Para maior aprofundamento de dados estatísticos atuais sobre a temática, cito o estudo "Pessoas com Deficiência e as Desigualdades Sociais no Brasil", IBGE, Coordenação de População e Indicadores Sociais, 2022. Disponível em: https://biblioteca.ibge.gov.br/visualizacao/livros/liv101964_informativo.pdf. Acesso em: 1 mar. 2023.

A seguir, analisaremos mais especificamente os dados de campo da pesquisa sobre a inserção no mercado de trabalho formal do jovem com deficiência intelectual na capital paranaense, incluindo os percursos de formação e qualificação profissional.

CAPÍTULO 4

A INSERÇÃO LABORAL DO JOVEM COM DEFICIÊNCIA INTELECTUAL EM CURITIBA

A inserção laboral ocorre pela valorização dos saberes do trabalhador, que é fruto de um processo de construção entre a formação, a qualificação profissional e o trabalho em si (FRANZOI, 2006). Assim, ao analisarmos a inserção profissional do jovem com deficiência intelectual, devemos ter em mente a interdependência com relação à educação e a empresa, enquanto representante do mercado de trabalho. Neste sentido, a inserção profissional ocorre com a interdependência e a autonomia de três esferas:

> a) a preparação, que remete aos conhecimentos adquiridos nos órgãos de formação com vistas a capacitar os indivíduos para um lugar no mercado de trabalho; b) a transição, que remete à busca de emprego e a um conjunto de mecanismos que se situam na interface dos órgãos de formação e de trabalho; c) a integração profissional propriamente dita. (FRANZOI, 2006, p. 164).

Este processo de transição pode configurar-se por um período ou ser permanente, por necessitar de uma integração de construção social e até mesmo de aceitação do novo trabalhador, pelas possibilidades de trabalho demonstradas. No caso do jovem com deficiência intelectual, há uma preparação nas oficinas de formação e no decorrer do processo da busca por um emprego.

Assim, a inserção profissional tratada como um ramo das pesquisas na Sociologia do Trabalho abre espaço às análises sobre o ingresso dos jovens no mercado de trabalho, com destaque aos jovens com deficiências intelectuais. Esse percurso nos remete e reafirma a análise da saída do sistema formativo e o momento de "negociação" dos conhecimentos adquiridos, que serão úteis ao emprego.

O processo de mudança na utilização do tempo livre e a venda da força de trabalho, representadas pelo primeiro emprego, podem significar a continuidade dos estudos ou simplesmente o fim de um processo de busca e, acontecer a inserção profissional. Trottier (1999) também nos apresenta o processo para a obtenção do emprego formal.

> A preparação profissional remete aos conhecimentos transmitidos aos jovens nos órgãos de formação em vista de habilitá-los a conseguir um lugar no mercado de trabalho. Esses conhecimentos transformam-se em qualificações [...] A transição profissional é caracterizada pela procura de emprego e por um conjunto de mecanismos que se situam na interface da escola e do trabalho. [...] Em seguida vem a fase da integração profissional propriamente dita, ou por uma relativa estabilidade de emprego, ou por situações de espera em relação ao acesso a um emprego, ou por situações de marginalização, ou de exclusão do mercado de trabalho. (TROTTIER, 1998, p. 152-153).

Esse processo apresentado dependerá da capacidade integrativa da sociedade, capaz ou não de dar espaço a novos trabalhadores, numa relação direta com a divisão do trabalho. O percurso de inserção laboral pode ser entendido como um processo de socialização profissional, que remete aos conhecimentos adquiridos, as habilidades, as normas e valores próprios de uma ocupação, resultante da identidade social, como as analisadas na pesquisa.

Sendo assim, analiso neste capítulo as observações e as entrevistas da pesquisa qualitativa realizadas nas instâncias das Secretarias Municipais de Curitiba: da Educação, do Trabalho e Emprego, do Direito da Pessoa com Deficiência, da Ação Social e Estadual do Sine, da Secretaria Estadual do Trabalho e Emprego, bem como nas escolas especiais municipais que preparam os jovens deficientes para a formação profissional.

Foram realizadas um total de 25 entrevistas estruturadas, aplicadas de forma direta, gravadas e transcritas, com aproximadamente 300 páginas de relato, que foram utilizados ao longo deste trabalho, com os seguintes profissionais: cinco representantes das Secretariais Municipais; três gestores das escolas especiais; três profissionais de apoio a empregabilidade; três professores das oficinas de formação, três profissionais da saúde que fazem parte do ambulatório da escola; seis jovens trabalhadores com deficiência intelectual; sendo três do sexo feminino e três do sexo masculino entre 16 a 22 anos e dois representantes de empresas empregadoras (setor de serviço e da indústria).

Num primeiro momento, foram entrevistados os professores e os profissionais gestores das escolas e profissionais da área de saúde, que faziam parte do ambulatório das escolas especiais. Num segundo momento, analiso as entrevistas dos jovens trabalhadores e a visão de duas empresas empregadoras dos serviços e indústria.

O processo de pesquisa qualitativa ocorreu pela profunda procura de fontes bibliográficas e documentais, associadas aos dados do campo de pesquisa, com a sua descrição e análise.

A análise e a observação do campo de pesquisa tiveram como objetivo compreender as dinâmicas institucionais e dos atores sociais que contribuem para formação e qualificação profissional, visando à inserção do jovem com deficiência intelectual no mercado de trabalho formal.

Com as entrevistas realizadas, foi possível compreender a realidade, desvendar suas representações coletivas e sociais, além de dialeticamente realizar um esforço analítico e teórico para desnaturalizar tais pressupostos do campo de pesquisa.

Os jovens trabalhadores com deficiência intelectual também foram escutados enquanto sujeitos sociais e de direito, e suas trajetórias foram analisadas para tentar identificar quais seriam as principais barreiras e entraves frente à entrada e permanência no emprego formal.

O critério de escolha dos entrevistados no campo de pesquisa ocorreu pela importância representativa de instituições e de atores na trajetória de preparação relativa à formação, qualificação profissional e a inserção dos jovens com deficiência intelectual no mercado de trabalho.

A pesquisa, no início, deparou-se com alguns desafios: primeiramente, pela escolha do campo de pesquisa, cercado por ditames relativos aos poderes institucionais; segundo, devido aos trâmites burocráticos e morosos para a aprovação pelo Comitê de Ética em pesquisa; terceiro, por estabelecer-se na fronteira entre a Sociologia do Trabalho e a Educação, buscando, a partir de conceitos sociológicos, a explicação das relações sociais que se estabelecem no cotidiano das instituições e com os jovens com deficiência na procura por um lugar no mercado de trabalho.

Em cada fala dos entrevistados, pude perceber o contexto social, histórico e cultural que faziam parte. As representações levantadas enquanto grupo e as contradições quanto à temática possibilitaram conhecer e ampliar os conhecimentos prévios sobre o campo, aprofundando as análises.

A seguir, analiso e discuto o processo de formação e de qualificação profissional do jovem com deficiência intelectual em Curitiba.

4.1 PROCESSO DE FORMAÇÃO E DE QUALIFICAÇÃO PROFISSIONAL DE JOVENS COM DEFICIÊNCIA NAS ESCOLAS DE EDUCAÇÃO ESPECIAL EM CURITIBA

O município de Curitiba tem seguido as determinações da Lei de Diretrizes e Bases da Educação Nacional n.º 9394/96, conforme o estabelecido no artigo 59, inciso IV, no qual afirma: que a educação especial para o trabalho visa à efetiva integração social do educando por meio da formação de nível básico e da preparação para o exercício da atividade laboral. Mas a formação e a preparação para o trabalho, no momento da pesquisa, ainda ocorriam sem certificação e terminalidade legal em Curitiba.

Na época da pesquisa, as escolas de educação especial não tinham um registro de histórico escolar como nas demais modalidades de ensino. O aluno saia da escola apenas com uma declaração, isto é, um parecer escolar.

A educação para o trabalho também não certificava. Se o jovem desejava a terminalidade escolar, precisaria frequentar um curso de Educação de Jovens e Adultos (EJA) para a conclusão da escolarização. A falta de certificação seria um dos grandes entraves da educação para o trabalho na educação especial no período.

Segundo o Decreto n.º 2.208, de 17 de abril de 1997, que regulamenta os artigos 36, e 39 ao 42 da Lei de Diretrizes e Bases da Educação Nacional, fica estabelecido no artigo 3º que "a educação profissional compreende níveis", dentre eles o básico, que era desenvolvido nas escolas municipais especiais em Curitiba.

Para o ingresso na escola especial, o aluno passava por avaliação clínica, muitas vezes neurológica, e tinha uma avaliação psicoeducacional realizada na própria rede de ensino nos centros especializados. Considerava-se como clientela das escolas municipais especiais, atualmente denominada de Escola de Educação Básica na modalidade Educação Especial, os alunos que tinham sido diagnosticados como deficientes intelectuais moderados ou severos, com quociente de inteligência (QI) abaixo de 70.[24]

---

[24] Com a Deliberação n.º 01/2015, do Conselho Municipal de Educação de Curitiba, que deliberou acerca das Normas e Princípios para a Educação Especial no município de Curitiba: o Art. 14. prevê que a "instituição de educação e ensino na Modalidade Educação Especial visa garantir a oferta de Educação Infantil, Ensino Fundamental, na modalidade de educação de jovens e adultos e programas de educação especial para o trabalho, aos educandos com necessidades educacionais especiais que apresentam dificuldades acentuadas no processo de desenvolvimento e aprendizagem, decorrentes de: I - deficiência intelectual moderada; II - deficiência física, sensorial e/ou múltipla deficiência, associadas à deficiência intelectual moderada; III - síndromes com deficiência intelectual moderada; IV - transtornos globais do desenvolvimento associados à deficiência intelectual moderada; V - transtornos de comportamento, com laudo médico especializado" (CURITIBA, CME, 2015).

Essas escolas municipais de Educação Especial em Curitiba objetivam desenvolver o trabalho pedagógico centrado "nas competências, formação e desenvolvimento do ser humano, oportunizando a escolarização, a autonomia, a socialização e a independência" (DIRETRIZES, 2022, p. 19), para o atendimento aos estudantes com deficiência intelectual moderada, associada ou não a outras deficiências, oferecendo apoio individualizado ou em pequenos grupos, por meio de educação para o trabalho, destinada aos jovens a partir de 14 anos.[25]

Conforme o relato da Secretaria Municipal de Educação (SME), a educação profissional basicamente pretendia desenvolver a cidadania dos jovens com deficiência intelectual por meio do trabalho. Em média, os alunos permaneciam três anos no programa, nas oficinas pedagógicas, desenvolvendo atividades de preparação para a inserção profissional.

> No Brasil, a grande maioria dos programas de educação para o trabalho para pessoas com necessidades especiais ocorrem, quase que exclusivamente, em ambientes segregados, nas oficinas pedagógicas [...] se preocupam mais com a preparação do aprendiz para o ingresso no mercado de trabalho competitivo, e auxiliam na busca de colocação e acompanhamento no emprego. (VALLE, 2004, p. 22).

Em Curitiba, o programa de educação para o trabalho pesquisado, conhecido por empregabilidade na época, era o último da educação especial para os jovens com deficiência intelectual entre 14 e 30 anos de idade. A clientela era composta por alunos que frequentaram o Ensino Escolar, a Classe Especial e a Educação de Jovens e Adultos (EJA). Além disso, representava um percurso de finalização dessa modalidade, mesmo sem certificação, de formação e de início para a vida adulta, pela busca de trabalho, em especial do emprego formal.[26]

Na pesquisa, foi observada uma pequena parcela desses alunos, numa média aproximada de 10%, que apresentavam condições de inserção profissional competitiva. Geralmente os estudantes que são empregados eram

---

[25] Conforme as Diretrizes da Inclusão e da Educação Especial de Curitiba (2022, p. 16), atualmente "os estudantes que completam quinze anos podem ser inseridos no Programa de Educação para o Trabalho e Convivência Social. [...] esse programa visa à aquisição de competências e habilidades que permitam uma formação favorável à sua inserção no mundo do trabalho, por meio do desenvolvimento de comportamento adaptativo e habilidade de convívio social (habilidades interpessoais, responsabilidade, autoestima, observância de normas e regras), importantes para o processo de estruturação e formação do adulto como sujeito pleno nos aspectos psíquico, social e político."

[26] Conforme as Diretrizes da Inclusão e da Educação Especial de Curitiba (2022, p. 18), a "Escola Municipal na modalidade Educação Especial atende crianças e estudantes com deficiência intelectual moderada, associada ou não a outras deficiências, que apresentam dificuldades acentuadas no processo de desenvolvimento e aprendizagem. A faixa etária do público atendido é de 4 a 24 anos, 11 meses e 29 dias."

os que apresentavam autonomia nas atividades da vida diária, autocontrole emocional e conhecimentos básicos de leitura, de escrita e de cálculo matemático. Uma das entrevistadas citou que dos 76 alunos que realizam a formação em sua escola, apenas 13 têm condições de inserção profissional.[27]

A nomenclatura de oficinas esteve ligada ao histórico das instituições de formação de alunos especiais, que anteriormente desenvolviam atividades manuais terapêuticas de trabalho, denominado trabalho protegido. Essas práticas são consideradas ainda hoje como segregadoras, por não possibilitarem o convívio social pela diversidade de relações, além dos portões da escola.

Nas oficinas[28] de aprendizagem há uma real contradição entre a formação real que ocorre por meio de práticas que valorizam a adaptação comportamental em oficinas pedagógicas, terapêuticas e que desenvolvem predominantemente atividades artesanais e na sequência, age como uma intermediação de mão de obra, encaminhando os alunos ao mercado de trabalho, pela tendência nacional de contratação nas áreas de serviço e industrial. [grifo nosso]

As escolas, ao encaminharem mais alunos especiais ao mercado de trabalho, buscavam reconhecimento, prestígio social frente às famílias dos alunos e a mantenedora, a Secretaria Municipal de Educação. A formação e a qualificação profissional necessárias para uma efetiva inserção e manutenção do emprego desses jovens torna-se secundária.

---

[27] Conforme a Deliberação n.º 01/2015, capítulo IV, seção IV, do Conselho Municipal de Educação, o Programa de Educação Especial para o Trabalho: art. 17. Entende-se por Programa de Educação Especial para o trabalho aquele ofertado nas instituições de educação e ensino, na Modalidade Educação Especial, que visa complementar a escolaridade e desenvolver aptidões para a vida produtiva e social dos educandos com necessidades educacionais especiais, que tenham 15 anos ou mais. art. 18. O Programa de Educação Especial para o Trabalho constitui-se de itinerários formativos próprios. 1.º Os itinerários formativos serão organizados a partir de uma base de formação geral e de uma base específica, voltada à inserção no mundo do trabalho. 2.º A definição das orientações curriculares de organização do Programa de Educação Especial para o Trabalho será de responsabilidade do município de Curitiba, por meio da Secretaria Municipal da Educação. 3.º Para fins do disposto no caput deste artigo considera-se itinerária formativa a organização pedagógica de conteúdos adequados e graduados em atenção às características dos educandos (CURITIBA, 2015).

[28] Atualmente encontramos duas organizações das oficinas: "**A Oficina de Aprendizagem Funcional** destina-se aos estudantes que apresentam comprometimento significativo em seu funcionamento cognitivo e que requerem apoio constante e frequente. A proposta de trabalho dessa oficina se enquadra no desenvolvimento de Atividades de Vida Diária (AVDs), Atividades Instrumentais de Vida Diária (AIVDs), Atividades Básicas de Vida Diária (ABVDs) e Atividades Avançadas de Vida Diária (AAVDs). [...] A **Oficina de Aprendizagem Ocupacional** destina-se àqueles que apresentam melhores condições de aprendizagem e potencialidades para inserção no mundo do trabalho formal ou informal. Apresenta atividades que proporcionam variadas formas de atuação em diferentes ambientes, permitindo explorar interesses e gerar oportunidades no mundo do trabalho. [...] Nas Escolas Municipais na modalidade Educação Especial, a oficina ocupacional pode variar a oferta de atividades de acordo com a demanda, habilidades e necessidades dos estudantes, podendo oferecer, por exemplo, artesanato e confecção, gráfica e cartonagem, reciclagem, cozinha experimental, horta e jardinagem, tecnologias e informática, aromatização, desenho, coral, entre outras." (DIRETRIZES, 2022, p. 25-26).

Na busca de prestígio social ou visualização social, as instituições de educação especial buscavam valorizar o trabalho desenvolvido, destacando o número de jovens que conseguiam ser inseridos no mercado de trabalho formal. Havia uma meta anual de colocação profissional desses jovens, que era supervisionada pela Secretaria Municipal de Educação, por meio do envio de relatórios mensais com o número de alunos encaminhados ao emprego, como foi possível observar na pesquisa de campo.

Por isso, a formação e a qualificação profissional para esse grupo de jovens especiais, além de necessitarem de atividades concretas e que tenham relação direta com a prática, precisam ser constantes, num processo de formação continuada permanente, seja ela desenvolvida em cursos específicos ou no ambiente de trabalho, para o efetivo desempenho do trabalhador com deficiência intelectual.

A formação profissional nas escolas ocorre por meio das oficinas de aprendizagem, que são organizadas em salas ambientes, com o desenvolvimento de atividades artesanais, para a adequação de ações comportamentais. São divididas por atividades, por exemplo: de gráfica, cozinha industrial, tecelagem e reciclagem. Conforme os relatos a seguir:

> As oficinas são organizadas em nove modalidades diferentes, daquelas mais complexas até aquelas mais simples, onde são trabalhados alunos [...] através da prática de produção artesanal. Desenvolvem aquelas qualidades que todo trabalhador deveria ter: pontualidade, assiduidade, persistência na execução de um serviço, no trabalho, higiene corporal, vestuário adequado e várias qualidades que são exigidas no mercado de trabalho. (Entrevistado n.º 13, gestor educacional, 2010).

> As oficinas têm como proposta, o artesanato para o trabalho manual. Mas na verdade, o objetivo da oficina é desenvolver hábitos e atitudes inerentes ao trabalhador. O que a gente quer é isso: que ele tenha consciência da importância do trabalho, saber como ele tem que realizar este trabalho, com início, meio e fim. Deve saber que um trabalhador precisa ser assíduo, ser responsável, saber conduzir os problemas que acontecem dentro de uma empresa e cuidar até com questões básicas de autocuidado que a gente trabalha aqui, a questão da higiene. Todas essas situações podem estar bem no mercado de trabalho, principalmente porque eles querem ir trabalhar e isso mostra também um trabalho que a gente faz aqui na escola. (Entrevistado n.º 20, gestor educacional, 2010).

As falas dos entrevistados elucidam e reafirmam o trabalho que é desenvolvido nas escolas especiais, por meio de práticas artesanais e de busca destas instituições por visualização e prestígio social.

O programa trabalhado nas escolas especiais era de preparação e não de profissionalização das pessoas com deficiência intelectual, porque visava à formação de hábitos e comportamentos sociais considerados adequados aos trabalhadores como: assiduidade, pontualidade, responsabilidade, hierarquia, cumprimento de regras e normas, adequação comportamental, higiene e aparência pessoal, direitos e deveres do cidadão, legislação trabalhista, mobilidade, linguagem corporativa [orientações apresentadas pelo Programa de Educação para o Trabalho, que atualmente fazem parte das Diretrizes Municipais], num processo de construção de uma identidade profissional, que nem sempre é percebida como tal pelos educadores (Programa de Educação para o Trabalho). Cito a diferença entre profissionalização e preparação profissional:

> Profissionalização refere-se a estar apto para exercer uma profissão, atividade ou ocupação especializada, da qual se obtém os meios de subsistência. Por outro lado, preparar para o trabalho significa preparar para uma vida produtiva, através da prática de atividades que desenvolvam a capacidade laborativa. Ou seja, há uma clara distinção entre ambos. O primeiro termo refere-se à educação de uma profissão específica e todas as questões dela decorrentes, com a habilitação profissional. O outro diz respeito à preparação para o trabalho, qualquer trabalho, estando suas ações mais voltadas para a formação de hábitos e atitudes inerentes ao trabalhador. (VALLE, 2004, p. 27).

Valle (2004) diferencia a profissionalização enquanto uma qualificação específica para uma determinada função e preparação para o trabalho como orientação profissional e comportamental dos jovens com deficiência.

Os jovens desenvolvem rotinas na escola, que por meio das oficinas procuram atender às práticas laborais e visam também formar um comportamento "adequado", de seguimento das regras sociais. O atendimento que desenvolvem é individualizado e contando com a orientação das professoras.

> As nossas oficinas são bem variadas. Nós temos a oficina de confecção, artesanato 1 e 2, cartonagem, cozinha experimental [...] e madeira. Temos professores auxiliares que ajudam nessas oficinas. [...] uma vez por semana na permanência das professoras, os alunos vão para esses dois espaços. [...] Nas oficinas cada aluno é atendido na sua especificidade.

> *Na cozinha eles fazem lanche, vão ao mercado, fazem as compras da semana. Nas oficinas de artesanato eles sempre estão atualizando. Eles pegam as caixinhas decoradas e vão fazer. Ou fazem pano de prato, ponto cruz, crochê, tricô, bordados em geral. Para a confecção temos máquinas Overlock. Os alunos mais preparados vão fazer barrinha, pequenos concertos. [...] Nós temos uma lojinha aqui. [...] Temos também a oficina da cartonagem que trabalha com papel e os mais comprometidos com AVDS [atividade de vida diária], com psicomotricidade. E a madeira também é lixada e pintada.* (Entrevistado n.º 10, Profissional da Educação, 2010).

Conforme o profissional da educação, a rotina que é vivida nos momentos de formação profissional dos alunos com deficiência intelectual acontecia em quatro dias por semana de realização das atividades artesanais. Uma vez por semana, desenvolviam exercícios de manutenção dos conteúdos escolares, no que se refere a alfabetização com a leitura e a escrita, bem como os conhecimentos matemáticos.

Uma profissional relatou como era desenvolvido o trabalho de alfabetização dos jovens alunos com deficiência intelectual na escola, junto da profissionalização. A maior dificuldade do deficiente intelectual é cognitiva, o que dificulta o processo de aquisição da leitura e escrita e do raciocínio lógico matemático. O aluno precisa de um trabalho constante de manutenção dos conhecimentos acadêmicos. Esse quesito acadêmico é muito exigido pelas empresas, que desejam que os funcionários pelo menos saibam ler, escrever e contar minimamente.

> *Eu trabalho com os alunos das oficinas que podem ser inseridos no mercado de trabalho. Eu os alfabetizo. É uma alfabetização funcional, para que eles consigam se manter no trabalho. Os alunos que eu trabalho têm idade entre 15 e 25 anos. Na sua grande maioria não estão alfabetizados, alguns já leem e escrevem. Eu trabalho com a leitura e escrita de palavras, porque eu quero que quando o aluno sair da escola consiga ler o nome de um ônibus. Quando ele for trabalhar no mercado e alguém pedir pra ele: vá e pegue um pacote de café Damasco, ele consiga ler café. [...] A alfabetização favorece que ele continue trabalhando, tendo a sua vida fora da escola. O objetivo principal do projeto de alfabetização aqui na escola é que eles aprendam a ler palavras. Lógico, aquele aluno que avança é ótimo, muito bem. [...] o aluno com deficiência intelectual nem sempre dá conta de uma aprendizagem acadêmica elaborada. Então eu tenho que partir do princípio do que ele consegue.* (Entrevistado n.º 7, Profissional da Educação, 2010).

A profissional, durante toda a entrevista, demonstrou grande entusiasmo por seu trabalho, grande dedicação, envolvimento e acredita no potencial dos jovens com deficiência intelectual, que muitos desacreditam. A preocupação com a alfabetização funcional é para que o aluno minimamente adquira independência por meio de leitura e escrita de palavras simples, principalmente durante a sua rotina profissional.

Em algumas oficinas de aprendizagem, o trabalho é desenvolvido parceladamente, existindo metas de produção, sendo denominadas na época de unidades ocupacionais[29], porque os produtos são "fabricados" para a venda em grandes quantidades, destinada a vendas para empresas que fazem encomendas, como no caso da fabricação de envelopes.

> *Nós temos três unidades ocupacionais aqui na escola: cartonagem, reciclagem de papel e tecelagem com conteúdos bem específicos destas áreas [...] a gente trabalha como uma linha de produto nas unidades ocupacionais e por encomendas. Por exemplo, na unidade ocupacional de cartonagem a gente faz um envelope que é padrão, que a Prefeitura utiliza para arquivamento de documentação. Ele é feito com medida padrão da Prefeitura. [...] Quando não tem encomendas, eles fazem a introdução de novos produtos. Vão aumentando o nível de dificuldade que eles não conseguem fazer.* (Entrevistado n.º 21, gestor educacional, p. 3-4, 2010).

O que chamou a atenção no relato é que as unidades ocupacionais estão constituídas duplamente, como oficinas protegidas de trabalho, numa visão tradicional da educação especial — que tinham como propósito ensinar ofícios aos alunos com deficiência e não os encaminham ao mercado de trabalho, ficando segregados em instituições especiais — e ainda, desenvolvendo práticas de trabalho fragmentadas, nos moldes taylorista-fordista, fazendo com que os jovens estudantes tornem-se subordinados e dependentes da escola.

Assim, esses jovens são pouco ensinados para a autonomia e para a produção criativa, uma vez que são considerados incapazes, também por esses profissionais e por si próprios. Quando se consta que foram dados novos desafios e que os alunos não conseguiram desenvolver, tende-se a enfatizar a dependência dos alunos à escola.

---

[29] Uma das escolas utiliza a terminologia de unidades ocupacionais, porque nas oficinas são confeccionados produtos artesanais pelos alunos, que são vendidos para empresas. O lucro das vendas é revertido aos alunos no início e ou final de cada ano, trocados por bens de consumo que almejam . Nessas unidades, o trabalho ocorre de forma parcelada e segue um ritmo de produção, nos moldes de um trabalho terceirizado, sem vínculo empregatício.

Porém, esse fato não o impede de atuar dentro de suas possibilidades, em atividades específicas e adequadas a suas limitações. Por outro lado, o fato de conseguirem colocar-se no mercado de trabalho, desenvolverem-se e integrarem-se socialmente, conhecendo outras pessoas, ganhando seu próprio dinheiro, melhora o seu convívio também no âmbito familiar e possibilita a formação de autonomia, igualmente importantes para sua integração social e para a inclusão, não se limitando a uma inserção precária e incerta.

Nessas instituições de formação em Curitiba, foi atribuída a profissionais[30] a tarefa de agir como intermediadora de mão de obra, com a função denominada de apoio à empregabilidade. A profissional entrava em contato com as empresas locais para buscar vagas de emprego aos jovens com deficiência intelectual, prestava assistência aos alunos especiais e a suas famílias, fornecia orientação de como fazer documentos pessoais necessários ao ingresso no mercado de trabalho, como a carteira de trabalho. Os jovens eram levados às entrevistas de emprego por esses profissionais que os acompanham periodicamente nas empresas, em média por um ano.

Conforme os relatos, as vagas para os jovens com deficiência intelectual no mercado de trabalho formal geralmente são buscadas pela própria instituição de ensino e não são as empresas que as procuram.

> Eu não tenho lembrança de que alguma empresa veio atrás. Sempre é a escola que corre atrás. Eles esperam uma pessoa qualificada [...] a empresa também vai cobrar eles com horário, tolerância e você se relacionar com o outro. Ela tem um olhar diferente, mas o essencial é o jovem trabalhador com deficiência participar como os outros e cumprir tudo o que os outros fazem. (Entrevistado n.º 4, Profissional da Educação, 2010).

Os profissionais da educação afirmam que, assim como o empregador que resolve contratar o jovem com deficiência intelectual, acreditam

---

[30] Conforme as Diretrizes da Inclusão e da Educação Especial (2022, p. 27-28), que estabelece a função do professor de apoio à empregabilidade, cujo objetivo é assessorar o Programa de Educação para o Trabalho e Convivência Social em todos os aspectos desenvolvidos nas unidades de aprendizagem ocupacional, no que diz respeito à inserção do estudante no mundo do trabalho, bem como na produção e comercialização realizadas nessas unidades. Algumas das atribuições desse profissional são: a. Selecionar, por meio de observações e avaliações, os estudantes para o trabalho [...]. b. Orientar e preparar os estudantes com perspectivas ou condições para o ingresso em empresas para estágio ou trabalho. c. Orientar as famílias sobre a situação de emprego formal e informal e encaminhar para a providência de documentos pessoais [...] d. [...] ofertar suporte ao estudante inserido no mundo do trabalho, a fim de solucionar dificuldades e inadaptações ao ambiente de trabalho, durante período de adaptação (com duração de até um ano); após, a orientação profissional passa a ser responsabilidade da empresa. e. Oportunizar ao estudante a recolocação, viabilizando a continuidade de sua vida profissional. f. Organizar um cadastro dos estudantes com perspectivas ou condições para o ingresso nas empresas, no Sine e outras instituições afins.

no potencial deste jovem para o trabalho e que a inserção profissional dará certo. Como veremos a seguir, existem tipos de empresas, daquelas consideradas mais inclusivas até as não inclusivas.

Esse profissional tem a função de atender aos professores das oficinas de aprendizagem e aos alunos, visando encaminhá-los ao mercado de trabalho formal.

> *Dentro das escolas especiais, existe uma função de apoio à empregabilidade. A professora de educação especial, acompanha, prepara o adolescente, o jovem, para estar sendo inserido no mercado, no mundo do trabalho. Então o que é essa preparação: é a questão da entrevista, de postura e de higiene. Essa profissional acompanha o estudante na entrevista e depois na contratação. Ela vai de mês em mês ou de cada bimestre ou semestre na empresa, conforme cada situação, vendo como que está este desenvolvimento do estudante.* (Entrevistado n.º 1, Secretaria de Educação, 2010).

A função de apoio é valorizada nas escolas especiais por ter um papel de intermediador de mão de obra entre a escola e o mercado de trabalho, como já foi dito, existindo uma rivalidade entre as instituições quanto ao número de alunos empregados. Quanto mais alunos encaminhados ao mercado de trabalho, melhor é considerada a escola em termos de competência e não necessariamente de qualidade de trabalho de formação.

Destaco as atribuições desse profissional polivalente, com a função de orientação profissional e de intermediador de mão de obra direta, segundo a proposta de implantação da função (SME, 2006), demonstrando ser um trabalho ainda recente:

> Orientar os estudantes sobre: direitos e deveres do trabalhador, postura numa entrevista de emprego, preenchimento de fichas, apresentação e higiene pessoal etc.
>
> Selecionar os estudantes para o trabalho, em conjunto com o pedagogo [...]
>
> Buscar parcerias com empresas privadas e órgãos públicos.
>
> Realizar levantamento de empresas que ofereçam oportunidades profissionais compatíveis [...]
>
> Proporcionar realização de eventos de sensibilização com empresários [...] Acompanhar os estudantes nas entrevistas de emprego.

Supervisionar os estudantes no local de trabalho.

Orientar os pais sobre a situação de emprego formal.

Proporcionar assessoramento à chefia imediata e colegas no local de trabalho do estudante.

Propor alternativas de solução para qualquer dificuldade ou inadaptação do educando ao ambiente de trabalho ou às atividades desenvolvidas. [...] Acompanhar os estudantes quando for o caso em cursos profissionalizantes ofertados pelo Senai, Senac, FAS e outros.

Providenciar a documentação necessária dos estudantes para o ingresso no Mercado de Trabalho (RG, CPF, Carteira de Trabalho [...]

Articular o contato com as demais escolas especiais (da RME – SME e fora dela), contribuindo com a diversidade das experiências realizadas. (Proposta de Implantação do Profissional de Apoio à empregabilidade, 2006).

Conforme a proposta, além de ser um profissional polivalente que realiza orientação comportamental e profissional ao jovem com deficiência intelectual, teria a função de aproximar as ações educativas das escolas com as exigências das empresas. De acordo com as exigências legais da Secretaria Municipal de Educação de Curitiba (SME), esse profissional vive em constante pressão, por ter que transitar entre os espaços da educação e do mundo do trabalho, ainda por ter que cumprir metas de encaminhamento de jovens ao mercado de trabalho e, muitas vezes, não ter condições de realizar um efetivo acompanhamento dos PcDs pós-contratados pelas empresas, conforme fala das profissionais. Atualmente a função foi regulamentada tanto no Conselho Municipal de Educação como nas Diretrizes.

Esse acompanhamento pós-contratação do jovem trabalhador com deficiência intelectual seria um dos diferenciais, que o ajudaria na manutenção do emprego, devido ao vínculo que a escola tem com esse jovem, pelo conhecimento de suas limitações e potencialidades, que devem ser trabalhadas com as empresas.

Também foi apresentada pelas escolas, como dado, a rotatividade de empregos dos jovens com deficiência nas empresas, atribuída à dificuldade de adaptação ao ambiente de trabalho. Esse profissional de apoio acaba despendendo grande parte de seu trabalho em colocação e recolocação, sem realmente verificar as necessidades reais dos jovens e das empresas, conforme relato a seguir:

Eu digo que o encaminhamento é relativamente simples. É marcada uma entrevista de emprego, os alunos são selecionados e encaminhados juntos com a profissional de apoio, e o trabalho começa dali para frente. É aquele trabalho de mediação de conflitos entre a empresa e a pessoa com deficiência. Esse é o trabalho de manutenção do emprego, que teve o maior sucesso [...]. São só duas para atender cento e vinte alunos, você pode ter uma ideia. Seriam sessenta aproximadamente para cada uma. E a visita não basta ser de meia hora como a do médico, achar que chega lá e está tudo bem. Tem que ir lá, observar como ele está trabalhando, entrevistar a chefia imediata, conversar com os colegas. Uma visita dessa leva no mínimo de uma hora e meia a duas horas. Como eles usam o transporte próprio e os mercados não são um do lado do outro, mas espalhados pela cidade inteira, é mais difícil fazer mais do que duas visitas dessas ou às vezes só uma no dia, no período. Então com sessenta cada uma você já viu. Elas não podem sair todo dia. Mesmo assim, são cinco dias na semana, dos trinta dias do mês tira os feriados, o sábado e o domingo sobram vinte dias. Então teria que fazer três visitas por dia para poder atender todos uma vez ao mês. Tem alguns que às vezes não são visitados no mês. Ainda não temos condições de fazer o acompanhamento assim fidedigno. Há um aproximado. (Entrevistado n.º 13, gestor, 2010).

A terminologia supervisionar os estudantes no local de trabalho demonstra certo paternalismo e assistencialismo das ações. Ir às empresas e colocar-se à disposição como orientador profissional seria o mais adequado, em se tratando de jovens que necessitam de um apoio mais constante enquanto trabalhadores.

Reafirmamos que a rotina desse profissional de apoio à empregabilidade seria a de buscar e negociar vagas de emprego formal para os jovens com deficiência intelectual, fazendo o acompanhamento deles quando a empresa permite.

É previsto que esse profissional acompanhe os jovens com deficiência em qualificações profissionais do Sistema S. O Sine oferta cursos de qualificação profissional, por meio de convênios com o Sistema S, com alguns sindicatos e algumas empresas. O grande problema é que não há uma especificidade para os cursos ofertados aos jovens com deficiência intelectual. A mesma formação é ofertada para uma pessoa sem limitações.

O município de Curitiba aprovou a Lei n.º 12276, de 18 de junho de 2007, que "Cria o Programa Municipal de Estágio Educacional de Trabalho para Educandos das Escolas Especiais de Curitiba" (BRASIL, 2007). Essa Lei proporciona uma complementação ao processo de formação profissional mediante o estágio remunerado, de meio salário-mínimo, para os estudantes com deficiência das escolas especiais nas Secretarias Municipais. Conforme o disposto a seguir:

Art. 1º. Fica criado o Programa Municipal de Estágio Educacional de Trabalho para Educandos das Escolas Especiais de Curitiba com objetivo de proporcionar oportunidades de inclusão laboral em complementação ao processo de formação profissional.

Art. 2º. Poderão participar do Programa educandos a partir de 14 anos, regularmente matriculados em Escolas de Educação Especial, públicas ou privadas, do Município de Curitiba.

§ 1º. As vagas para estagiários serão distribuídas entre as áreas de deficiências na seguinte proporção: a) mental - 40% b) física - 20% c) auditiva - 20% d) visual - 20% [...]

Art. 3º. O período de estágio será de 04 (quatro) horas diurnas diárias, totalizando 20 (vinte) horas semanais, com vigência de um semestre, admitida sua prorrogação, uma vez, por igual período. [...]

Art. 7º. São atribuições do Município:

I - ofertar vagas, destinadas a alunos com deficiência, regularmente matriculados nas Escolas Especiais de Curitiba, da rede pública ou privada;

II - viabilizar o estágio educacional de trabalho nos órgãos da PMC, que possibilite o desempenho de atividades correlatas à sua formação profissional;

III - conceder a cada estagiário bolsa-auxílio e vale-transporte;

IV - designar um supervisor do estágio, responsável pelo acompanhamento e a avaliação das etapas da aprendizagem;

V - fornecer, até o último dia de cada mês, a relação de frequência dos estagiários;

VI - responsabilizar-se pelo pagamento de seguro contra acidentes pessoais para o estagiário, desde o primeiro até o último dia do estágio;

VII - providenciar, até o último dia de cada mês o pagamento do valor da bolsa-auxílio e vale-transporte, diretamente ao estagiário e/ou seu representante legal.

Art. 8º. Caberá às Escolas Especiais:

I - realizar avaliações e entrevistas com os candidatos visando ao preenchimento das vagas, de acordo com as aptidões dos mesmos.

II - encaminhar e acompanhar o estagiário nas etapas de aprendizagem, supervisionando e orientando os aprendizes na execução de tarefas previamente acordadas com o supervisor do estágio.

III - assessorar os profissionais responsáveis pelo exercício do estágio, sempre que se fizer necessário. (BRASIL, 2007).

Essa Lei de estágio, conforme a entrevista realizada, veio a atender o interesse de formação das escolas especiais, agindo como um elemento de complementação prática laborativa. As vagas destinam-se a todas as deficiências, mas a preponderância das vagas refere-se aos deficientes intelectuais, quase duas vezes mais, comparado às demais deficiências, conforme o artigo segundo inciso primeiro da presente Lei.

A Lei favorece que o jovem com deficiência tenha a vivência do mercado de trabalho e ainda possibilita que continue na escola recebendo orientação profissional. Sendo assim, esse jovem que tem a experiência de estágio, por mais simples que seja, deve ser avaliado, acompanhado e supervisionado na atividade laboral.

O problema, conforme as entrevistas realizadas, é que a Lei não tem sido efetiva na prática. Até o momento, somente a Secretaria Municipal de Educação abriu espaço para o estágio do jovem com deficiência intelectual.

> *Então eles já têm uma preocupação com o estágio, aqueles que têm mais conhecimento tem mais condições de nos procurar pedindo estágio, porque sabem que no estágio você pode colocar jovens com dezesseis anos. [...] Então agora a Prefeitura abriu vagas de estágio para outros espaços, só que a gente ainda não está conseguindo colocar os nossos alunos.* (Entrevistado n.º 10, Profissional da Educação, 2010).

> *A maior dificuldade a ser superada seria a abertura do estágio para o nosso aluno com deficiência. [...] Em suma, a sociedade está aceitando a pessoa com deficiência tal qual como ela é. Não adianta você me solicitar um nível de formação que vá além da condição do jovem, porque ele não vai conseguir realizar. Isso nos frustra, frustra o deficiente, sua família e vai frustrar a empresa. [...] Nós gostaríamos que depois do jovem ser empregado houvesse uma possibilidade de ascensão, como para qualquer outro trabalhador. Que ele entre numa função, haja possibilidade de mudança e dentro dela haja uma ascensão, um acréscimo, como a gente pede no processo de inclusão das escolas, que ele esteja aprendendo, se desenvolvendo.* (Entrevistado n.º 20, gestor, 2010).

Os dois entrevistados apresentaram contribuições, afirmando que o estágio seria um importante aliado para a formação, desde que o jovem com deficiência intelectual fosse aceito dentro de suas limitações nas Secretarias Municipais e que a Lei de estágio fosse efetivamente cumprida.

Além do estágio, a ascensão profissional aparece como uma preocupação de manutenção desse jovem trabalhador no mercado de trabalho, que poderia ser fortalecida, se associada à qualificação.

A qualificação profissional da pessoa com deficiência também ocorre por meio de convênios estabelecidos com empresas e pela Secretaria Municipal do Trabalho e Emprego (SMTE). A Fundação de Ação Social (FAS) também oferta cursos de qualificação profissional nas escolas especiais e nos Liceus do Ofício. Eles enviam instrutores até as escolas para a aplicação de cursos básicos que vão desde as áreas administrativas até a de alimentação. O diferencial destes cursos é que são aplicados na própria escola do aluno e acompanhados pelos professores, como uma complementação das oficinas pedagógicas. O problema é que as temáticas escolhidas para os cursos não diferem das trabalhadas na instituição, com ênfase nas habilidades manuais.

> *A FAS oferece os cursos de qualificação profissional do programa Liceu de Ofícios e as pessoas podem procurar este curso a qualquer momento. A oferta dos cursos está aberta a qualquer pessoa que procure. Inclusive o público atendido é específico e prioritário, e as pessoas com deficiência estão dentro deste público prioritário. [...] Nós resolvemos fazer este trabalho através das parcerias, dos termos de cooperação técnica, porque desta forma a gente amplia o atendimento para a pessoa com deficiência. [...] a maioria dos cursos solicitados para o atendimento às pessoas com deficiência intelectual são na área de artesanato.*

> *A grande maioria de gastronomia e de artesanato. [...] O meu sonho é que seja ofertado os cursos de informática. [...] Todos os cursos do programa Liceus de Ofícios são certificados. [...] O curso é gratuito.* (Entrevistado n.º 23, FAS, 2010).

As instituições poderiam ampliar o repertório cultural e o conhecimento dos alunos com cursos que ajudassem na prática laboral, acreditando que esses jovens são capazes sim de realizar cursos de informática e de outras tecnologias, por exemplo.

Na pesquisa, observamos que a FAS foi a única instituição pública que efetivamente, e ainda de forma restrita, oferta cursos de qualificação profissional, que não foram pensados para pessoas com limitação cognitiva e que precisam de mediação. A formação e a qualificação profissional geralmente são organizadas para pessoas com nível de inteligência considerado dentro da normalidade e para trabalhadores já legitimados a ingressarem no mercado de trabalho.

Existem iniciativas, como a da organização não governamental Universidade Livre para a Eficiência Humana (Unilehu)[31], de promover cursos aos deficientes, com experiência de capacitação e intermediação de mão de obra às empresas associadas. Visitando essa ONG, que se mantém com recursos das empresas privadas e com uma pequena parcela de recursos da Prefeitura Municipal de Curitiba, verificamos que a qualificação profissional era realizada para o contexto empresarial, com cursos de Call Center, auxiliar e assistente administrativo, informática, etiqueta empresarial, oficinas de desenvolvimento de qualidades pessoais e profissional, português básico e comunicação, língua inglesa, e programa de empregabilidade[32] destinada, principalmente, aos deficientes intelectuais.

---

[31] A Unilehu, em 2004, foi idealizada como uma organização não governamental que surgiu da demanda de um grupo de dez empresas curitibanas para cumprir a Lei de Cotas (8.213/91), que determina a contratação de PcD para empresas com mais de 100 funcionários. Apesar da necessidade legal, a iniciativa privada não estava preparada para a realidade da inclusão. Assim, foi criada a Unilehu, que seria responsável pelo preparo do ambiente corporativo para receber a PcD e pela capacitação e melhoria das condições de empregabilidade. [...] O ano de 2010 iniciou com 26 empresas de Curitiba e região metropolitana na posição de mantenedoras e parceiras da Unilehu nesse esforço pela inclusão da PcD no mercado de trabalho. Entre elas, há instituições do setor industrial, hospitalar, bancário e telecomunicações, entre outras (UNILEHU, 2009-2010, p. 4) Cito algumas empresas associadas a esta ONG: América Latina Logística, BrasilSat, Denso, Eletrolux, Eternit, Colcelpa, GVT, HSBC, Santa Cruz, Kraft foods, Leão, O Boticário, Renault, RPC, TIM, UNICURITIBA, Volvo, Paraná Clínicas.

[32] A empregabilidade para as PcD é desenvolvida para aqueles que encontram dificuldades para conseguir uma colocação formal de trabalho ou manutenção do emprego, devido à sua condição profissional, falta de habilidades técnicas e até comportamentais exigidas pelo mercado. Com foco no atendimento individual e personalizado, as oficinas de empregabilidade englobaram o treinamento comportamental em grupo, atendimento familiar e orientação profissional periódica (UNILEHU, 2009-2010, p. 10).

Atualmente, a ONG Unilehu expandiu o seu foco de qualificação para todas as deficiências, objetivando incluir no mundo do trabalho e também atender um público em vulnerabilidade social. No site da ONG, estão dispostos para serem realizados cursos on-line de informática e desenvolvimento social. Também desenvolvem o projeto do emprego apoiado respeitando a realidade de cada indivíduo, suas dificuldades e explorando o potencial de cada ser humano, numa perspectiva mais inclusiva.

Conforme a organização dos cursos, poderíamos fazer uma análise dos tipos de qualificação e funções que as empresas têm buscado para as pessoas com deficiência, que correspondem aos dados oficiais do Censo de 2000 e aos dados da Rais Brasil, em ocupações de baixa remuneração e salários.

A preocupação com a qualificação profissional por parte das escolas está atrelada às exigências das empresas, que almejam trabalhadores com deficiência com escolarização. A exigência de experiência não apareceu como um impeditivo considerável. As empresas têm como queixa a falta de qualificação dos trabalhadores cotistas, mas ainda realizam poucas adaptações ao ambiente de trabalho para recebê-los, distante de um contexto ideal de inclusão, como o apresentado por Sassaki (1997) no capítulo 3.

Segundo dados das Secretarias Municipais, o Ministério do Trabalho afirma que a qualificação profissional deve ser ofertada pelas empresas contratantes do trabalhador com deficiência.

> Com relação à qualificação profissional o que se estabelece muito, é uma parceria com o Sistema S, Sesc, Senai, Sesi no sentido de qualificação. Por outro lado, a Secretaria do Trabalho, também tem procurado [...] fazer com que as empresas desenvolvam os seus projetos de qualificação às pessoas com deficiência, mas já voltadas para o trabalho que elas vão desenvolver. (Entrevistado n.º 8, Secretaria do Direito da Pessoa com Deficiência, 2010).

Conforme o citado, a qualificação profissional da PcD, no período da pesquisa, estava numa fase inicial, de preocupação com o encaminhamento ao mercado de trabalho, pela exigência compensatória da Lei de Cotas e da tentativa de conscientizar as empresas, mais do que no desenvolvimento de ações concretas.

A qualificação profissional para a pessoa com deficiência, estimulada pelo Ministério do Trabalho e Emprego (MTE), corresponde a experiência de ONGs como a Unilehu. Reafirma uma tendência nacional de poucos investimentos públicos para a qualificação e para a institucionalização da educação especial, com apenas três escolas especiais municipais em Curitiba, contra uma infinidade de instituições privadas e conveniadas para essa população.

Nas escolas especiais municipais pesquisadas, faço a categorização construída junto às observações com os profissionais que atendem ao público de pessoas com deficiência, dividido em três grupos de estudantes: aqueles com deficiência intelectual severa, que dificilmente serão inseridos no mercado de trabalho formal, devido à falta de autonomia para atividades de vida diária (AVD) e que, provavelmente, após os 30 anos de idade, serão encaminhados a outra instituição especializada, ao Centro de Convivência[33], ou ainda, ficarão em casa.

O segundo grupo, são dos jovens com maior grau de dificuldade e de limitações, que recebem o Benefício de Prestação Continuada (BPC), enunciado no capítulo 2, que funciona como uma aposentadoria de um salário-mínimo, concedida ao deficiente pelo INSS, que atesta sua incapacidade para o trabalho. Esse jovem com deficiência geralmente não é inserido no mercado de trabalho formal, sob pena de perder o benefício.

> *O benefício é difícil de conseguir, quando se consegue eles têm medo de trocar o certo pelo duvidoso. Porque isso é uma coisa que eles têm para o resto da vida. De repente vai para o mercado de trabalho, perde isso e qual a garantia que você tem de retomar depois. Porque uma vez que ele for para o mercado de trabalho, na hora de retomar, daí é mandado embora, aí vai retomar o benefício. Vai para o perito na hora de retomar, mas ele foi para o mercado de trabalho e ele não é considerado inapto. É uma faca de dois gumes. É complicado para a família tomar uma decisão desta, entende. A gente deixa bem à vontade a família, porque não pode obrigar.* (Entrevistado n.º 21, Gestor da educação, 2010).

Alunos dos dois primeiros grupos podem desenvolver trabalhos no setor da economia informal, produzindo e vendendo produtos artesanais, por exemplo, como os aprendidos nas oficinas de formação profissional.

E há um terceiro grupo, dos deficientes intelectuais moderados e alguns leves, vindos de Classe Especial e/ou da EJA[34] e que são o foco da pesquisa.

---

[33] O Centro de Convivência Amigo Curitibano é uma unidade pública de atendimento de pessoas com deficiência e suas famílias, com atividades sociais e educativas, laborativas, físicas, recreativas, culturais e comunitárias. Pretende proporcionar a convivência social das pessoas com deficiência, por meio do acolhimento e também visa ao acesso ao mundo do trabalho.

[34] Quanto à escolaridade, as entrevistas realizadas com a Secretaria Municipal de Educação apontaram para a existência de jovens com deficiência intelectual nos cursos da Educação de Jovens e Adultos que procuram o término da escolaridade e a certificação.

São em menor número de jovens, possuem menores limitações cognitivas e motoras, têm autonomia de conhecimentos, de hábitos de vida diária e são os que conseguem ser inseridos no mercado de trabalho formal.

Mesmo assim, são formados com a mesma metodologia e atividades que os demais, não estimulando efetivamente o potencial para o desenvolvimento acadêmico e de qualificação específica para o mercado de trabalho. Os jovens encaminhados ao mercado de trabalho recebem algumas orientações da profissional de apoio à empregabilidade quando são levados a uma vaga de emprego.

Geralmente são os alunos mais jovens, entre 18 e 21 anos, que são encaminhados ao mercado de trabalho, isto é, quando demonstram potencial básico para o trabalho, pelo comportamento, pela capacidade de locomoção e pelos conhecimentos na área de alfabetização (ler, escrever e contar), são imediatamente encaminhados ao mercado de trabalho.

> *Então esses alunos* [que vão para o mercado de trabalho] *a gente trabalha a parte com eles, essas práticas* [de atividade de vida diária] *[...] que eu comentei. [...] Autocuidado, até a questão de higiene, são conceitos bem básicos, tudo aquilo que eles precisam para estarem melhor preparados para enfrentar o mercado de trabalho. Inclusive nós fazemos atividades práticas de, por exemplo, independência* [autonomia], *que é bem complicado para os nossos alunos. Muitos não são independentes na locomoção de ir até o local* [de trabalho]. *Então fazemos este trabalho também, de ir com eles, de colocá-los dentro do ônibus, levar até o local de trabalho.* (Entrevistado n.º 6, apoio à empregabilidade, 2010).

O terceiro grupo de jovens com deficiência intelectual com capacidade de serem inseridos no mercado de trabalho formal é o foco da pesquisa, tornando-se peça-chave e interesse para analisarmos suas trajetórias laborais e quais são as principais barreiras e entraves para que esse grupo se mantenha empregado.

As atividades nas oficinas em que os três grupos participam são muito mais de cunho terapêutico, de condutas comportamentais, do que de formação profissional. A principal função do aprendizado está voltada para inserção social e para o eventual desenvolvimento de um ofício. O trabalho com atividades práticas artesanais foi justificado como importante para o desenvolvimento cognitivo dos alunos.

> A falta de preparo e de escolaridade mínima por parte dos portadores [pessoas com] de deficiência pode ser um fator

> que exija que as propostas de orientação profissional incluam maior ênfase em técnicas e procedimentos que ensejem o desenvolvimento de habilidades necessárias para o desenvolvimento de atividades profissionais ou de transição da escola para o trabalho. (IVATIUK, 2009, p. 83).

Assim, visando à inserção profissional, as escolas aproximam vários profissionais a esse processo, como os de apoio à empregabilidade, os professores e profissionais da saúde, do ambulatório das escolas especiais, pretendendo desenvolver um trabalho interdisciplinar. Neles encontramos os seguintes profissionais da saúde como: neurologista, psicólogos, terapeutas ocupacionais, fisioterapeutas e fonoaudiólogos que desenvolvem trabalho clínico com os alunos.

A escola é que encaminha a demanda dos atendimentos necessários aos profissionais da saúde, prestando assessoramento e apoio à educação, existindo momentos de discussões de casos em reuniões. É realizado atendimento individual e em grupo, não a todos os alunos da escola, mas aos casos mais graves, que necessitam de atendimento clínico e terapêutico.

Para os alunos que são encaminhados ao mercado de trabalho, os profissionais da saúde trabalham em grupos, com projetos de habilidades sociais e atividades da vida diária, mas com nenhuma atividade específica quanto ao recrutamento, a seleção de candidatos ao trabalho. Também realizam um trabalho de orientação às famílias, de palestras e acolhimento.

A existência do ambulatório de saúde é questionada pelos próprios profissionais da área, pelo custo e real efetividade, por não atender a toda a clientela da escola, que necessita, e geralmente os jovens que são encaminhados ao mercado de trabalho não são atendidos. Esse espaço de atendimento clínico é o retrato do modelo médico ainda muito presente na educação especial e no atendimento à pessoa com deficiência.

> *O fato não é sermos de uma Secretaria diferente e estarmos aqui dentro* [ambulatório da Secretaria da Saúde]. *Tem o lado bom, mas acaba acarretando mais prejuízo do que benefício. Não sei se eu fosse uma autoridade, eu manteria um ambulatório de saúde dentro de uma escola especial. Não sei se o custo-benefício é mais adequado. Não sei se para esse aluno é bom para ele, que a gente vá retirá-lo da sala de aula, durante um horário de aula para que seja atendido. [...] Dependendo do quadro do aluno, ele é atendido por três profissionais. Ele perde vários momentos. Talvez no contraturno fosse mais adequado, até porque esses pais precisam se responsabilizar, estar acompanhando mais de perto o fato de a gente estar aqui,*

> de os alunos irem e voltarem do SITES [ônibus especial], *fazer com que os mesmos não sejam tão presentes quanto deveriam estar. Isso acarreta um pouco de dificuldade. Essa proximidade muito grande acaba trazendo benefício porque a gente tem contato com esse aluno em vários momentos, mas acaba trazendo prejuízos. [...] Às vezes nós vemos os professores fazendo determinadas coisas, que não gostamos. Às vezes o professor espera da gente determinadas ações [...] E a estrutura também. Para a quantidade de alunos que tem na escola, para a quantidade de professores, vemos que está faltando recursos para a própria escola e para o ambulatório falta também. Tem aqueles programas de computadores interessantes que nós poderíamos usar com temas. A parte física também falta, o que eu vejo que é uma questão política também [...] é uma questão maior aí.* (Entrevistado n.º 15, profissional da saúde, 2010).

A percepção dos profissionais da saúde é reveladora de uma inadequação entre as práticas educacionais e o atendimento clínico. Além disso, apresenta críticas quanto à manutenção de práticas tradicionais associadas ao modelo médico, que torna também ineficaz a realidade atual. Mesmo assim, acreditavam que era importante para a educação e para a saúde trabalharem juntos.

Enfatizaram a importância da formação desse jovem, que deveria ser avaliada por meio de atividades práticas. Também sugeriram que as equipes de saúde poderiam ajudar em técnicas de recrutamento e de seleção.

> *Os nossos jovens são bem-motivados, mas não preparados. A gente observa que eles não têm preparo, não tem uma capacitação. Tanto como os jovens em geral, que acabam indo para o mercado de trabalho sem uma formação adequada. Os nossos, em especial, vão para o mercado de trabalho por uma questão de política, as empresas têm que cumprir uma determinada cota e acabam aceitando que tenham que entrar algumas pessoas com deficiência. Eu os vejo muito motivados, com muita vontade, sem entender muito bem o que eles vão fazer, sem entender muito bem o que é trabalhar, do que significa na vida da gente, o que esse trabalho vai trazer de mudança na vida dele. Muitas vezes não tem aptidão nenhuma para aquela função específica. Sabe, acho que isso é bem frustrante para eles.* (Entrevistado n.º 15, Equipe da saúde, 2010).

A equipe de saúde considerou que o jovem com deficiência intelectual tem condições de inserção profissional, desde que realize um trabalho adequado às suas habilidades. Reforça a importância da realização de uma efetiva qualificação para esses indivíduos.

Os profissionais da educação e da saúde têm consciência da necessidade de reformulação das práticas pedagógicas, para uma melhor adequação da formação às exigências do mercado e em função das necessidades desses trabalhadores.

O trabalho de inserção profissional dos alunos com deficiência intelectual em Curitiba se iniciou em meados de 2006, com o programa de apoio à empregabilidade. O trabalho de inserção profissional pela formação vem a ser legitimado pela Constituição Federal de 1988 e pelas leis trabalhistas principalmente da década de 1990, estando distante da integração ou da inclusão social almejada. A discussão entre o indivíduo e a sociedade perpassa a análise, a questão de ser ou não trabalhador.

Sendo assim, a formação profissional e a qualificação dos jovens com deficiência intelectual têm ocorrido de acordo com as tendências das políticas públicas da década de 1990, com ênfase na empregabilidade do trabalhador, como apresentadas no capítulo 2. A escola tem transitado entre os espaços educacional, empresarial e das famílias dos jovens, fornecendo amparo, e acolhimento, não deixando de ser um trabalho de assistência social.

> *As famílias vivem constantemente nas escolas. Elas precisam de muito apoio, suporte, Porque muitas vezes os estudantes chegam lá e as famílias desacreditam no potencial. Então quando vê que através de um trabalho, eles começam a ter independência das questões de vida diária, passam a ter mais confiança na escola e qualquer coisa que venha a acontecer com essa criança* [referência ao jovem com deficiência], *eles vão pedir ajuda para as pedagogas, para as profissionais que atuam com esses estudantes. [...] tem algumas escolas que fazem grupos de pais, clube de mães, e que dão orientações mensais, às vezes bimestrais, fora as reuniões semestrais que é uma rotina da escola.* (Entrevistado n.º 1, Secretaria de Educação, 2010).

Nas entrevistas, chamou a atenção o tratamento dado ao jovem com deficiência intelectual. Em alguns momentos, é chamado de criança, em outros, de alunos e, dificilmente, de jovem e ou trabalhador. Esse tratamento reflete uma prática de assistencialismo e de proteção dada pelas escolas, que contraditoriamente, quer torná-lo independente pelo trabalho, mas que os limita num sentido de infantilização, a não buscar sua autonomia, reforçando a dependência da escola, da família e da sociedade, e necessitando de medidas legais para ser visualizado e aceito no mercado de trabalho.

As escolas demonstraram nas entrevistas que ainda há desconhecimento, por parte do empregador, quanto à diferenciação da doença mental e deficiência intelectual, como os relatos a seguir:

> *Após a colocação no trabalho, nós acompanhamos esse aluno e também a sua chefia. [...] muitas vezes nós percebemos que as chefias não têm respeito para com o nosso aluno. Muitos dizem que assim: são louquinhos. Tem que explicar até isso, que não são louquinhos, eles são deficientes intelectuais, não tem nada a ver com doença mental. É um trabalho difícil, mas a Lei de Cotas está aí para ajudar, só que o nosso aluno nem sempre é bem-visto. Então nós estamos lutando para quebrar essas barreiras, mostrar que o nosso aluno não é louquinho, ele é muito capaz.* (Entrevistado n.º 5, Profissional da Educação, 2010).

> *A deficiência intelectual é discriminada duas vezes. Porque a sociedade* [e as empresas] *ainda os confundem com doentes mentais, ou seja, a sigla TGDS que se utiliza hoje, são para os transtornos globais do desenvolvimento. O deficiente intelectual precisa ter um acompanhamento após ser colocado no mercado, precisa ser feito um trabalho junto com o grupo que vai trabalhar com ele, para não haver exploração desta mão de obra. Porque ele é muito eficiente naquilo que se propõe a fazer.* (Entrevistado n.º 9, Técnica do Trabalho, 2010).

A profissional apresenta algumas barreiras e entraves para a aceitação social e inserção desse trabalhador no mercado de trabalho. A primeira seria da própria família do aluno quando desacredita e o superprotege. A segunda, da empresa, que ainda percebe o deficiente intelectual como um doente mental e incapaz.

A Lei de Cotas seria uma importante aliada no processo de integração, mas que impõe a participação de um trabalhador que não é reconhecido a princípio como tal. E como são apresentadas as experiências sociais pelas trajetórias de formação, de qualificação visando à inserção profissional, do grupo de jovens com deficiência intelectual?

4.2 TRAJETÓRIAS DOS JOVENS TRABALHADORES COM DEFICIÊNCIA INTELECTUAL

> As pessoas deficientes enfrentam um conjunto confuso e desconcertante de incentivos e desincentivos, tanto para os que trabalham como para os que não o fazem. Aqueles que decidem que querem tentar, como qualquer pessoa que está a ponto de ter um compromisso ocupacional, imediatamente enfrentam três questões principais: Quais são as opções? Como pode uma pessoa se informar a respeito delas?

> Como alguém decide que opção escolher? Quando à tomada de decisão se deve incorporar uma deficiência significativa, um processo difícil se torna ainda mais tortuoso. (VASH, 1988, p. 106).

Ao analisar as trajetórias de inserção profissional, não podemos esquecer que estamos contextualizando as relações sociais de um público jovem. A juventude ganha um lugar secundário nesta discussão, porque a sociedade, primeiramente, vê como uma pessoa com deficiência, mas que também é jovem, como no caso do público da pesquisa.

O jovem com deficiência intelectual tem anseios de sua geração do século 21, almeja um lugar na sociedade pela escolha de um trabalho, desejar obter bens de consumo, formar uma família e também dar continuidade aos estudos.

Essas questões, muitas vezes, têm sido pouco visualizadas pelas políticas públicas e sociais voltadas à juventude e pelas de qualificação profissional, ao preocuparem-se mais com a proteção, com a assistência e não com a autonomia de participação social da juventude com deficiência.

Para tanto, "os jovens passam, assim, a ser vinculados a suas experiências concretas de vida e adjetivados de acordo com o lugar que ocupam na sociedade." (CARDOSO; SAMPAIO, 1995, p. 18).

Conforme o exposto, podemos pensar no jovem com deficiência intelectual, e na juventude, pelo lugar que ocupa nas relações sociais. Seu lugar compreende as relações sociais que estabelece entre seus iguais, os profissionais de apoio, sejam eles professores ou da saúde, suas famílias e as empresas, além das limitações da deficiência, que podem evidenciar a visão excludente e estigmatizante.

Neste sentido, pretendi, a partir das entrevistas realizadas com jovens com deficiência intelectual, egressos das escolas especiais municipais de Curitiba, apresentar e analisar suas experiências, suas trajetórias que os levaram ao mercado de trabalho formal.

Foram entrevistados seis jovens trabalhadores com deficiência intelectual, três rapazes e três moças, entre as idades de 18 e 22 anos. Todos foram indicados pelas escolas especiais, por terem realizado a formação nas oficinas de educação profissional, e quase todos estarem buscando a primeira experiência profissional, nas áreas de serviços, de supermercados, de alimentação, e na indústria, na área de produção.

Dois desses jovens com deficiência intelectual estavam mudando de emprego, um porque iria ingressar no mercado de trabalho após experiência como estagiário, e outro, depois de ter pedido demissão de uma empresa em que não teve bom relacionamento com colegas de trabalho.

A realização das entrevistas com eles teve que ser adaptada, com perguntas mais claras e objetivas, com palavras simples. Alguns demonstraram pouco tempo de concentração e, no geral, aprestaram muito bem as informações solicitadas.

As experiências foram muito diversas, desde jovens com deficiência intelectual que estavam sendo encaminhados ao primeiro emprego, após a experiência de estágio, ou que eram desacreditados socialmente devido às suas limitações cognitivas e até físicas; aqueles que estavam sendo reencaminhados ao mercado de trabalho, após demissão; e aqueles numa segunda experiência profissional, motivada pelo desejo de escolha de um novo emprego que levasse a uma possível ascensão social.

Um dos primeiros jovens entrevistados tinha 16 anos, próximo a fazer 17 anos. Era muito esperto, agitado e tinha experiências de vida voltadas à marginalização e exclusão social. Não se diferenciava dos demais jovens de sua faixa etária pelo comportamento, vocabulário utilizado, mesmo que mais básico no que se refere à formulação de conceitos.

Identificou-se como morador da Cidade Industrial de Curitiba. Foi aluno de algumas escolas públicas da capital, mas teve várias experiências de insucesso escolar e reprovação, devido à dificuldade em ler e de escrever. Foi encaminhado ao ensino especial e relatou que então aprendeu a ler e foi mais ajudado pelos professores.

Frequentava, além da escola especial, a Educação de Jovens e Adultos (EJA), como forma de aprender conteúdos escolares básicos e de receber certificação. Trabalhou informalmente como panfleteiro. Conseguiu trabalho formal na área de alimentos devido ao encaminhamento da escola, mas não se adaptou e resolveu pedir demissão.

Tinha recém voltado à escola, para ser novamente encaminhado a uma nova vaga ao mercado de trabalho. Relatou que tinha gosto do ramo de informática e que não desejava outro emprego na área de alimentos como o que havia sido encaminhado pela escola. Almejava prestar auxílio financeiro à sua família a fim de evitar brigas. Desejava se casar e ter uma família. Demonstrou opinião formada quanto à escolha de um local no mercado de trabalho, por desejar trabalhar em uma função que gostasse.

A segunda entrevistada, uma moça de 19 anos, mostrou ser muito responsável e cordial. Era moradora do município de São José dos Pinhais, mas estudava em uma escola especial em Curitiba. Estava em sua segunda experiência profissional, como trabalhadora de uma indústria de alimentos. Anteriormente havia trabalhado na rede de supermercados como empacotadora e depois foi promovida a caixa.

Desejou mudar de trabalho e enviou um currículo para a atual empresa, pensando em ascensão profissional e em melhores salários. Disse que deve tudo ao apoio de sua família e da escola. Antes de entrar na escola especial, apresentou inúmeros insucessos no ensino regular, relatando que não recebia ajuda dos professores e até mesmo era tratada de forma pejorativa. Afirmou que não tinha paciência, que era muito estressada e seu comportamento melhorou na escola especial. Aprendeu a fazer bordado, crochê, a ter respeito e a ter cooperação.

Demonstrou ser uma jovem muito aplicada e determinada, porque deu continuidade aos estudos no EJA, e pretende abrir seu próprio negócio, após fazer um curso de fotografia. Desejava muito ajudar sua família que lhe apoia.

A terceira entrevistada, uma jovem de 19 anos, estava trabalhando há pouco mais de seis meses na indústria de informática. Criada apenas pelo pai e irmãos, demonstrava dificuldade de adaptação social, devido a questões de entendimento de códigos sociais, como palavras, expressões e por sua constante agitação.

Conseguiu o atual emprego por indicação de uma colega de escola, que também trabalha na empresa. Tinha como meta em seu trabalho conseguir bens materiais e ajudar a sua família.

No ensino regular, também teve experiências de fracasso escolar e de indisciplina. Foi acolhida no ensino especial, dizendo ter encontrado amigos. Não gostava do trabalho atual e ainda não tinha ideia da função ou atividade profissional que desejaria desenvolver futuramente. Apenas citou que fazia o EJA, não demonstrando interesses futuros.

A quarta jovem a participar da pesquisa tinha 22 anos e era muito amiga da entrevistada anterior. Tinha, além da deficiência intelectual, a Síndrome de Treacher Collins, que causa deformidades físicas. Devido a isso, tinha dificuldade de audição e na fala, e algumas marcas faciais que visivelmente a estigmatizam. Esse quadro tornaria mais improvável a sua contratação em alguma empresa formal.

A jovem foi indicada para a entrevista pela escola, foi empregada numa grande empresa de informática, na área de produção, e representa um caso bem--sucedido e quase inesperado, pelas circunstâncias anteriormente apresentadas.

Nesse caso, a importância da família foi fundamental para a sua inserção profissional. Foi entrevistada junto da mãe, que dava detalhes de como a filha conseguiu o emprego. A jovem relatou que veio de muitas experiências de fracasso escolar em sua formação, passando por várias escolas, classe especial e por fim foi encaminhada a escola especial como a última possibilidade de escolarização, para participar das oficinas do programa de educação para o trabalho.

Até mesmo nas oficinas, apesar de ter habilidades manuais, ser responsável e envolvida com as atividades aprendidas, ficou aquém de seus colegas e sentia-se diferente de seu grupo. A maioria era encaminhada ao mercado de trabalho e ela continuava na escola.

Segundo sua mãe, a filha começou a ficar desmotivada, deprimida quanto aos estudos e não queria mais ir para a escola. Conseguiu se alfabetizar, mas necessitava de constante apoio. Foi encaminhada pela escola para uma entrevista de trabalho e não foi aprovada pela empresa.

A mãe sentiu o sofrimento da filha e começou a buscar ajuda por conta própria. Por informações de uma vizinha, soube da existência de uma vaga para pessoas com deficiência justamente na empresa de informática que a filha sonhava em trabalhar. A jovem foi chamada para uma entrevista de emprego com a mãe, foi ajudada e conseguiu a vaga de emprego tão almejada, na área de produção.

Necessita do eventual apoio dos colegas de trabalho e de um funcionário de referência, chamado líder, que seria o seu chefe imediato. Está muito feliz, realizada e pretende dar continuidade aos estudos na EJA. Não o faz, até o momento, devido aos múltiplos atendimentos especializados que necessita fazer, de fonoaudiologia e otorrino, por exemplo.

A mãe também relatou que sua filha é bem cuidada na empresa, que tem todos os direitos trabalhistas e é muito esforçada, gosta muito do que faz. Trabalha na área de separação de materiais e de montagem de caixas. Conseguiu o trabalho porque a família não desacreditou de seu potencial e a empresa mostrou-se preparada para recebê-la, valorizando o seu trabalho.

O quinto entrevistado, um jovem de 18 anos, foi indicado pela escola especial para participar da pesquisa, devido ao seu empenho enquanto aluno e possível futuro trabalhador. Foi estagiário de uma Secretaria Municipal, beneficiando-se da Lei do estágio para jovens com deficiência.

Relatou que no estágio tinha a função de separar documentos e tirar xérox num serviço de auxiliar administrativo. Também foi encorajado por sua família a realizar cursos no Senai de mecânica básica e de informática. Realiza de forma autônoma, em sua casa, a formatação, pequenos consertos e a montagem de computadores, fazendo uso da qualificação profissional que buscou.

Contou que residia na região metropolitana de Curitiba, em São José dos Pinhais, e quando estudava nas escolas regulares, "passava sem saber", isto é, sem aprender, e que foi encaminhado para a escola especial devido a sua dificuldade em acompanhar as aulas, no que se refere a leitura e a escrita de palavras e de textos.

Não considerava a escola especial muito adequada às suas necessidades, porque afirmou que o que aprendeu na oficina de madeira era uma atividade prática secundária, complementar, e não um ofício de mexer com a furadeira, e, em suas palavras, não iria lhe ajudar em sua prática profissional.

Em contrapartida, afirmou que a escola tinha o encaminhado para trabalhar em uma indústria de informática e estava aguardando a resposta da empresa para iniciar o trabalho. Fazia a EJA e estava concluindo o sexto ano do ensino fundamental, mas afirmou que não gostava de ler. Desejava, com o trabalho, alcançar a autonomia financeira, ter um carro e uma família.

Encontrei o jovem, posteriormente, na ONG Unilehu e estava fazendo mais um curso de informática. Ainda buscava uma vaga no mercado de trabalho, mesmo apresentando a melhor qualificação profissional entre os jovens pesquisados.

O sexto entrevistado, um jovem de 21 anos, era o exemplo bem-sucedido para as unidades ocupacionais das escolas especiais pesquisadas. Estava trabalhando na rede de supermercados, na padaria, e era um bom funcionário, segundo o seu relato e da escola.

Esforçava-se para fazer tudo "certinho" no que se refere ao atendimento de clientes, às rotinas de pesar os pães e tinha certa dificuldade com os códigos, necessitando de ajuda dos colegas quando os esquecia.

Enfatizou que usava uniforme e que tudo era bem "limpinho", demonstrando muita disciplina no cumprimento de normas. Mostrou-se um pouco nervoso na entrevista, esquecia alguns detalhes, acredito que também devido às suas limitações.

Quanto a sua formação, ainda na escola de ensino regular, relatou que estudava pela manhã e não conseguia aprender, o passaram para a noite e na sequência foi encaminhado para a escola especial. Lá participou da unidade ocupacional de cartonagem, que fazia envelopes. Disse que a escola o ensinou a se comportar no trabalho e o ajudou na entrevista de emprego. Desejava, com o seu trabalho, ajudar a sua família.

Os relatos que foram analisados para a pesquisa, trajetórias dos jovens com deficiência intelectual, egressos de escolas especiais municipais de Curitiba, demonstram o empenho individual e a importância da base familiar para a inserção profissional, antes mesmo do trabalho de formação e de qualificação profissional.

Aqueles jovens que tiveram maior apoio de suas famílias obtiveram maior sucesso na procura por uma vaga de emprego. A escola especial, entendida como um espaço de reabilitação social, de adequação e acolhida ao diferente, trabalhou mais no sentido do encaminhamento ao mercado de trabalho, do que na formação em si, entendida como construção de conhecimento acadêmico, com vistas a uma qualificação em determinada função.

O emprego mostrou-se, nas falas dos jovens, como indispensável, que possibilitaria a integração, a ascensão social de deficiente para trabalhador legal. Ainda e contraditoriamente, o mercado de trabalho apresentou-se excludente com aqueles jovens com melhor qualificação profissional, o que reafirma que as empresas buscam trabalhadores com deficiência para cumprimento das cotas e não como uma necessidade real, além do legal. Porque quanto menos qualificado for este jovem especial, mais simples serão as funções e menores serão os salários pagos.

No geral, esses jovens com deficiência intelectual contam o que realizam no ambiente de trabalho, descrevem a rotina da função que desenvolvem, em atividades basicamente manuais, atividades que envolvem conhecimentos básicos de classificação e seriação de materiais. Alguns montam caixas para computadores, outros embalam barrinhas de cereais, abastecem as esteiras e colocam nas caixas de embarque, e ainda atendem os clientes e fazem serviço de limpeza.

Os jovens com deficiência intelectual que demonstraram mais limitações, contaram com a ajuda de profissionais de referência na empresa. Alguns relatos das funções que desempenham:

> *Trabalho na padaria, sou balconista. Atendo os clientes, faço a limpeza que tem que fazer, atendo bem os clientes quando chegam para pedir pão e essas coisas. Daí eu só pego os pães para eles. Peso tudo direitinho, bem-organizado, com luvas, bem limpo as mãos. Coloco a touca, bem limpinha a roupa, o uniforme, tudo bem limpinho.* (Entrevistado n.º 22, jovem trabalhador, 2010).

> *Trabalho na produção. A gente coloca uma caixa, abre a caixa e depois tem que colocar etiqueta no mouse. Daí você coloca a etiqueta, coloca na outra caixa, fora da caixa e daí fecha e leva para a linha. Depois o líder fala pra gente o que tem que fazer. Não pode misturar, se você mistura perde toda a produção. Tem que entender o serviço, depois tem que entender um monte de coisas.* (Entrevistado n.º 17, jovem trabalhador, 2010).

> *Auxiliar de produção. Eu embalo as barrinhas, eu abasteço a esteira. Coloco as barrinhas na esteira para poder embalar, eu coloco na caixa de embarque.* (Entrevistado n.º 14, jovem trabalhador, 2010).

Os profissionais com deficiência intelectual demonstraram que procuram realizar a função no trabalho com seriedade e da melhor forma possível. Na maioria das experiências, os trabalhadores foram encaminhados às empresas pelas próprias escolas de formação. Só em dois casos que a família dos jovens os ajudou a conseguir o trabalho e que ocorreu por indicação em todos os casos.

Quanto aos salários, recebem em média um salário-mínimo e meio para oito horas de trabalho semanais. Alguns trabalham nos finais de semana e reclamam apenas do horário exaustivo de trabalho nas empresas, com uma folga semanal.

> *Eles gostam em geral do trabalho. A única coisa que eles reclamam é quanto aos dias. Porque eles não gostam de trabalhar no final de semana. Então essa carga horária que é extensa, que é mesmo do mercado, é assim. A maioria dos nossos alunos estão no supermercado.* (Entrevistado n.º 10, Profissional da Educação, 2010).

Os jovens relataram sobre o que aprenderam nas oficinas ou unidades ocupacionais das escolas de formação, afirmando que os profissionais os ajudaram a conseguir trabalho e no aprendizado de aspectos comportamentais, da relação interpessoal, de seguimento de disciplinas e regras, numa forma de socialização e adequação às normas sociais.

Conforme o relato, pode-se considerar que o conteúdo de trabalho das escolas de formação seria um mero recurso para o trabalho de orientação e de adequação comportamental, não correspondendo a uma educação para o trabalho e nem a uma efetiva preparação para a profissionalização. Apenas um dos alunos realizou cursos de qualificação de informática e de mecânica básica.

Os jovens também relatam inúmeras experiências de fracasso nas escolas antes de ingressarem na escola especial, ficando aquém da classe regular, principalmente nos quesitos de oralidade, leitura e escrita. A escola especial representou um espaço de acolhimento, de socialização e os professores foram muito mais terapeutas do que disseminadores de conhecimentos formais.

A maioria conta com entusiasmo que, após o início do trabalho, deram continuidade aos estudos passando a frequentar a educação de jovens e adultos (EJA) e a maioria está concluindo o ensino fundamental. Após seis meses de trabalho, são desvinculados da escola especial, o que corresponde a um ritual de passagem entre o ser estudante e ser trabalhador.

Quanto ao trabalho, os jovens com deficiência percebem a empresa como um espaço de socialização, onde conhecem novas pessoas e fazem amigos. Informaram que recebem treinamento na empresa com frequência, e os colegas os ajudam quando têm dificuldade no trabalho. Na maioria dos casos, realizam trabalhos em equipe. Vejamos os relatos:

> *A primeira coisa que eu recorro é para a coordenadora. Ela que me ajudava a fazer tudo. Um ajudava o outro, um que sabia mais ajudava o outro que não sabia. Nós trabalhávamos em equipe.* (Entrevistado n.º 11, jovem trabalhador, 2010).

> *Tem várias meninas na empresa no trabalho em equipe, uma que fica na balança e uma que fica no manual.* (Entrevistado n.º 16, jovem trabalhador, 2010).

> *Quando eu preciso sim. Quando eu não preciso, cada um vai seguindo. É em equipe.* (Entrevistado n.º 16, jovem trabalhador, 2010).

Algumas empresas dispõem de um trabalhador chamado de líder, que ajuda a pessoa com deficiência e, em outros casos, eles recorrem aos colegas de trabalho que são mais próximos.

As empresas que incluem esse trabalhador com deficiência prepararam-se minimamente para a sua inserção, geralmente colocam um profissional de referência, que chamam de líder, para ajudá-lo, supervisionando e orientando o trabalho. Esse jovem, mesmo necessitando de auxílio, é capaz de buscar ajuda e desenvolver um trabalho de qualidade, desde que constantemente orientado.

As famílias dos jovens com deficiência os apoiam e consideram importante que estejam trabalhando. Alguns jovens ajudam na manutenção financeira de suas casas.

> *Eu espero que esta entrevista sirva para que outros pais com filhos com deficiência, outras mães que não desistam, que isso é muito importante. Às vezes as pessoas que estão de fora não sabem a dificuldade que é para um pai acompanhar o filho. Isso é muito importante para o crescimento deles. A gente não pode desanimar nunca. Agradecer também as escolas que têm. [...] Porque eles precisam de colaboração, de ajuda de muitas pessoas. Nós como pais temos o amor, a dedicação, o carinho, mas a gente não tem a parte profissional, a parte que eles precisam que são outros. Claro, eles precisam de muitas coisas. A minha filha passou por oito anos de fonoaudiologia, fisioterapia e psicologia. Desde que ela nasceu. Agora está trabalhando também e conquistando os sonhos dela, podendo sonhar.* (Entrevistado n.º 17, mãe de jovem trabalhadora com deficiência, 2010).

Os jovens consideram o seu trabalho importante e fazem planos para o futuro, relacionados a compra de bens materiais de consumo, como comprar uma casa própria, um carro e pensar em constituir família.

> *Eu considero importante o meu trabalho, porque sem o meu trabalho eu não poderia comprar as minhas coisas, de uso próprio e não poderia presentear a minha família quando eu quero.* (Entrevistado n.º 14, jovem trabalhador, 2010).

> *Porque eu posso trabalhar. Eu não quero me aposentar tão cedo. Eu quero correr atrás do meu futuro. Ter meu próprio carro, minha namorada e construir uma família. Só.* (Entrevistado n.º 18, jovem trabalhador, 2010).

A inserção no mercado de trabalho para estes jovens representa uma oportunidade de integração social. A partir da entrada no trabalho, muitos deles voltaram a estudar na EJA, conseguem comprar bens de consumo, ajudam suas famílias e convivem mais de perto com outros colegas de trabalho, que chamam de amigos. O trabalho é uma oportunidade de integrá-los à sociedade capitalista.

Sendo assim, as barreiras e entraves para a inserção do jovem com deficiência intelectual no mercado de trabalho não se resume à sua disponibilidade e empenho, mas sim a toda uma relação social de aceitação e legitimação de políticas públicas para o trabalho voltadas a esse público.

Conforme os relatos, os jovens com deficiência intelectual, após ingressarem no mercado de trabalho, sentem-se trabalhadores, no sentido dos direitos trabalhistas e de autonomia financeira. A inserção no mercado de trabalho formal representa uma forma de legitimação social e de integração social, aproximando-os dos padrões de normalidades. E o que pensam as empresas com relação a estes novos trabalhadores?

4.3 RELATO DAS EMPRESAS CONTRATANTES

Foram realizadas entrevistas com duas empresas, dos ramos de serviços (supermercados) e da indústria (informática), que contratam e são a favor do trabalho da pessoa com deficiência, em especial, daquela com deficiência intelectual. Também foi realizada a observação em uma terceira grande empresa, com a mesma preocupação, que pretendia desenvolver um projeto de responsabilidade social.

Outras empresas foram convidadas e instigadas a participar da pesquisa, mas aquelas que não acreditam no trabalho e não contratam deficientes intelectuais se negaram a participar. Outras não desejaram prestar informações, porque deixaram claro que contratam apenas para cumprir a Lei de Cotas e não fazem nenhuma adequação ou alusão a este trabalhador. O trabalho da pessoa com deficiência acaba não sendo observado e reconhecido.

Conforme informações prestadas pelos entrevistados das Secretarias Municipais e instituições de educação especial, a grande maioria dos jovens com deficiência intelectual são empregados na área de serviço, principalmente nos supermercados. Alguns também conseguem emprego na indústria, na área de produção.

No geral, em supermercados exercem o trabalho como frente de caixa (empacotador), na área de hortifrutigranjeiros, na padaria, no açougue e na reposição de produtos. Na indústria, o trabalho se resume à separação de produtos, ao empacotamento de equipamentos e pode ser realizado individualmente e em grupo. Estes dados foram reafirmados nas entrevistas com as empresas.

> Os deficientes intelectuais são empregados mais na área de serviços, nicho de mercado [...] a pessoa fica lá dez, quinze anos e não tem um plano de carreira. Que seria nos supermercados, nos hipermercados, onde se colocam mais pessoas com deficiência intelectual. [...]. (Entrevistado n.º 9, Técnico do Trabalho, 2010).

Conforme o relato, existe a possibilidade de ingresso do jovem com deficiência intelectual no mercado de trabalho formal, principalmente nos nichos de mercado, citados anteriormente. Quando uma empresa aceita a contratação e percebe o bom desempenho do trabalhador com deficiência, acaba entrando em contato com as escolas especiais para solicitar outros profissionais, assim que surge uma vaga em seu quadro.

Para além da exigência legal, os empregadores esperam conseguir trabalhadores eficientes. A contratação da pessoa com deficiência só se justifica para as empresas quando representar alguma vantagem eminente, como de lucratividade. Eles devem vender a sua força de trabalho, como qualquer empregado.

Voltando às empresas entrevistadas, na primeira empresa, as informações foram aprestadas por uma pessoa que exerce duas funções de gerência e de atendimento aos trabalhadores e realiza contato direto com os deficientes intelectuais. Na segunda empresa, a informante foi uma assistente social responsável pela seleção e contratação das pessoas com deficiência.

Ambas as empresas contratavam pessoas com deficiência há mais de cinco anos, pessoas com vários tipos de deficiência, inclusive com deficiência intelectual, e o trabalho ocorria com os demais trabalhadores.

Os critérios para contratação da pessoa com deficiência na primeira empresa, do setor de serviços, basicamente ocorriam pela vontade da pessoa em exercer atividade remunerada, de trabalhar. São aceitos todos os tipos de trabalhadores, não é exigida escolaridade e é dado um curto treinamento na admissão do trabalhador, por outro colega da mesma função.

Geralmente, são empregados nas funções de empacotadores, na seção de hortifrutigranjeiros e na padaria e esperam do trabalhador um bom comportamento.

Os critérios de admissão da segunda empresa, do ramo industrial são por seleção de trabalhadores com deficiência, encaminhados pela agência do trabalhador, por indicação de colegas e de algumas escolas especiais.

Quanto à escolaridade, não exigem ensino fundamental completo, mas os trabalhadores precisam ter noções de leitura, de escrita e um mínimo de contagem. A empresa realiza uma entrevista para o ingresso do trabalhador e são absorvidos ao trabalho na área de produção, nas funções de separação de materiais, de montagem, de embalagem e de expedição de produtos. Também recebem treinamentos periódicos no interior da empresa. Todas as empresas afirmaram que estabelecem contato com as famílias dos deficientes intelectuais.

Nas entrevistas com os profissionais responsáveis pela formação do jovem com deficiência, relataram que as empresas almejam um trabalhador com escolarização condizente com o ensino médio completo e com cursos de qualificação profissional para a função que irá realizar. Que as empresas desejam um trabalhador que exerça com eficiência as funções para as quais foi contratado, independentemente da deficiência. Mas na prática as empresas acabam tendo que se adaptar ao perfil desse trabalhador com deficiência.

A aceitação do trabalhador com deficiência intelectual foi apresentada pela segunda empresa como uma oportunidade, que sua adaptação é tranquila, mas que desejam que ele busque se qualificar e continuar estudando.

Nas entrevistas realizadas com os jovens com deficiência, relataram como uma exigência das empresas que estivessem dando continuidade aos estudos na EJA. Quanto à qualificação, destacamos a fala de um agente institucional:

> *O que acontece atualmente é que existem muitos empresários que dizem que a função da empresa é oferecer a oportunidade de trabalho, mas não a qualificação. Eles entendem que essa é uma atribuição do governo. O empresário só tem que oferecer a vaga, a possibilidade de emprego. Mas eles querem que as pessoas que se candidatem ao preenchimento das vagas, que já venham qualificadas. Porque se eles desenvolverem cursos de qualificação para essas pessoas é um custo que eles terão que absorver, na visão do empresário. [...] questionam muito o próprio Sistema S, que é muito tímido na oferta de cursos profissionalizantes para as pessoas com deficiência. [...] O empresário na visão do Ministério do Trabalho [...] deve qualificar a pessoa com deficiência. Porque já qualifica obedecendo os critérios de qualidade, de controle e de segurança que são desenvolvidos pela própria empresa.* (Entrevistado n.º 8, Secretaria do Direito da Pessoa com Deficiência, 2010).

Nesse sentido, fica o embate sobre quem deveria qualificar. As empresas desejam, acima de tudo, pessoas qualificadas, independentemente de serem ou não deficientes. Conforme o entrevistado n.º 2, o Técnico do Trabalho (2010) afirmou: *"Olha, as empresas querem que a pessoa com deficiência tenha uma qualificação como todas as pessoas"*.

Com relação aos salários pagos às pessoas com deficiência, a primeira empresa afirmou que é igual aos demais trabalhadores, de aproximadamente um salário-mínimo inicial. Na segunda, o salário equivale a aproximados dois salários-mínimos iniciais e de acordo com a função. Nas duas empresas, os trabalhadores têm os mesmos benefícios dos demais, como vale transporte, plano de saúde e cartão corporativo das empresas, de acordo com as normas trabalhistas da CLT.

Esses dados corroboram com as informações da Rais, do Caged do Brasil, e do Observatório do Emprego, em Curitiba, de que em média, é pago pelas empresas aos deficientes intelectuais, entre um e um salário-mínimo e meio mensal. Os maiores salários são da área de produção industrial, mas não ultrapassam dois salários-mínimos. Na área de serviços, em supermercados, os salários muitas vezes não ultrapassam um salário-mínimo, conforme os dados do Dieese, apresentados no Capítulo 3.

Com relação ao tratamento dado ao trabalhador com deficiência intelectual nas empresas, foram relatadas as duas realidades, como uma convivência harmônica. Afirmam que há interação com os demais colegas e ajuda mútua, por meio de trabalho em equipe. Afirmaram não haver diferenciação.

Contraditoriamente, foi analisado que no decorrer das falas uma separação, ao se reportarem aos trabalhadores com deficiência, num binômio entre os normais e os especiais. Os trabalhadores com deficiência formariam um grupo específico. Sugeriram que alguns se tornam os "protegidos" do grupo, devido aos cuidados e atenção despendida.

Nessa convivência entre trabalhadores com e sem deficiência, ocorre tolerância e alguma modificação de postura dos colegas de trabalho, que passam a conviver diretamente com o outro, nas palavras de Goffman (2008), passando a desenvolver mecanismos de aceitação e até de respeito aos diferentes.

As duas empresas analisadas representam casos de sucesso na contratação de jovens com deficiência intelectual. Afirmaram que a faixa etária de contratação vai dos 18 aos 30 anos em média, porque os aceitam, mesmo não tendo experiência na função.

Relataram que uma das fórmulas para suas experiências bem-sucedidas refere-se ao preparo do chefe imediato, em alguns casos chamado de líder, que faz a intermediação entre os demais trabalhadores e a pessoa com deficiência.

> O chefe imediato acaba sendo um líder [...]. Ele traz algumas situações e eles já percebem essa aproximação, mas é uma relação bem tranquila, de líderes como supervisores. Tem alguns deficientes intelectuais que são os queridinhos sempre, por desempenharem um trabalho tão satisfatório, acabam se destacando. (Entrevistado n.º 25, empresa, 2011).

No geral, os relatos demonstraram que o tratamento dado ao trabalhador com deficiência intelectual, no interior das empresas, é muito diverso. Existem empresas que buscam tratá-los como qualquer outro funcionário, acolhendo-os, e outras que os discriminam.

Segundo o relato do entrevistado n.º 2, Técnico do Trabalho (2010) *"Aquelas empresas que já estão mais politizadas, empresas mais conscientes têm o tratamento de igualdade.".* Conseguimos depoimentos apenas das primeiras empresas que aceitam a inserção do trabalhador com deficiência e cumprem a Lei de Cotas.

> O relacionamento amigável entre os empregadores e os portadores de [pessoas com] deficiência é essencial. A conquista de um bom chefe é crucial. [...] Depende muito do que se faz para desenvolver uma atitude positiva em relação ao trabalho, onde tudo é feito com gosto e dedicação, ainda que muitas vezes com restrições. [...] O entendimento das limitações, do lado do chefe, e a compreensão das exigências, do lado do portador de deficiência, são as atividades que polarizarão a sua atenção depois de feita a sua contratação. (PASTORE, 2000, p. 137).

Por sua vez, esse trabalhador com deficiência necessita de apoio, de supervisão constante, para que seu trabalho seja desenvolvido eficazmente. Em alguns casos, ou o trabalhador subordina-se à estrutura empresarial ou acaba saindo da empresa.

Pelos relatos, o trabalhador com deficiência, é capaz de desenvolver um bom trabalho, desde que bem orientado e acompanhado para o exercício da função. Precisa, no caso, de um trabalhador de referência na empresa, que lhe dê apoio e supervisione o seu trabalho.

> *Eles* [os trabalhadores com deficiência intelectual] *cumprem as atividades que são designadas. Sempre nos relatam o que eles fazem é com muito carinho, que entendem que é importante, mesmo que esteja separando o resíduo, o plástico, entende que é importante para o andamento da empresa. Eu acho que isso vai muito de como o líder, como o supervisor coloca para eles, porque senão iam dizer que não queriam ir lá fazer o descarte de materiais. Mas nesse setor não existem só deficientes, existem outros funcionários também. Eles veem que o que estão fazendo todos podem fazer. [...] Eles sempre têm vontade de crescer.* (Entrevistado n.º 25, empresa, 2011).

As duas empresas afirmaram que foi desenvolvido um trabalho, com todos os demais funcionários, a fim de prepará-los a aceitarem os trabalhadores com deficiência. Conforme a análise apresentada, das representações sociais das empresas, quanto aos jovens trabalhadores com deficiência, existe uma política nessas instituições para sua contratação, geralmente para funções de natureza mais simples (TANAKA; MANZINI, 2005; STEIGER, 2006).

Essas empresas se aproximam dos tipos de empresas inclusivas, isto é, que empregam pessoas com deficiência e que procuram adaptar-se a elas, seja pela estrutura física, organizacional e gestão de pessoas, visando ao desenvolvimento de ações de aceitação do diferente.

Conforme os pressupostos apresentados por Carvalho-Freitas (2007) e Doval (2006), existem diversos tipos de empresas: as que apenas cumprem as exigências legais e, por vezes, discriminam o trabalhador com deficiência. Aquelas que viram vantagens na contratação destes trabalhadores e estão satisfeitas com o trabalho desenvolvido e os tratam em condições de igualdade em relação aos demais trabalhadores.

Doval (2006) destaca cinco tipos de empresas, no sentido weberiano do termo, da mais à menos inclusiva, no que se refere à contratação da pessoa com deficiência. As empresas de tipo um seriam inclusivas por princípio e, na pesquisa desse autor, nenhuma organização foi encontrada que se enquadra nessa categoria. Seriam aquelas empresas que buscam respeitar a diversidade, as diferenças individuais e a capacidade da pessoa com deficiência.

As empresas de tipo dois seriam as inclusivas por lei, que tiveram que dar atenção à pessoa com deficiência após a obrigatoriedade da Lei de Cotas. Se preocuparam em cumprir a Lei, mas, a partir daí, adotaram posturas de conscientização, de excelência nos processos para a contratação bem-sucedida da pessoa com deficiência.

As de tipo três são as legalistas, que no primeiro momento são iguais às anteriores, mas não ultrapassam o patamar de cumprimento da Lei, a fim de evitarem problemas de fiscalização e de penalidades com o Ministério do Trabalho e Emprego.

As empresas de tipo quatro são as flexibilizantes, que contratam somente para cumprir a Lei, visando à redução de custos por meio de uma força de trabalho barata e muitas vezes terceirizada. E as de tipo cinco seriam as excludentes, similares às categorias de flexibilizantes, mas diferenciadas por não contratarem mão de obra com deficiência.

As empresas por mim pesquisadas encontram-se entre os tipos dois e três, por não serem ideais. Consideram-se inclusivas por contratarem mão de obra com deficiência, organizaram-se estabelecendo relações mais harmônicas, com investimento em treinamento do trabalhador, em chefias conscientes, mas, em uma delas, o salário ainda é baixo.

> Uma empresa inclusiva é, então, aquela que acredita no valor da diversidade humana, contempla as diferenças individuais, efetua mudanças fundamentais nas práticas administrativas, implementa adaptações no ambiente físico, adapta procedimentos e instrumentos de trabalho, treina todos os recursos humanos na questão da inclusão [...]. Uma empresa pode tornar-se inclusiva por iniciativa e empenho dos próprios empregadores, que para tanto buscam informações pertinentes ao princípio da inclusão, e/ou com a assessoria de profissionais inclusivistas que atuam em entidades sociais. (SASSAKI, 1997, p. 65).

Sendo assim, reafirma-se que existem diversos tipos de empresas, aquelas que assumem sua obrigação legal de contratação, mesmo que somente pela exigência legal percebem a necessidade de readequar suas práticas organizacionais a fim de serem capazes de empregar e manter esse trabalhador.

Outro dado que permitiria aprofundar a análise, seria a observação direta das relações de trabalho da pessoa com deficiência, e a realização de entrevistas com os demais colegas de trabalho. As empresas desejam trabalhadores prontos, no sentido de serem escolarizados, terem qualificação e experiência profissional, e deparam-se com a obrigatoriedade de contratação legal de trabalhadores.

As principais barreiras e entraves à inserção profissional no mercado de trabalho formal do jovem com deficiência intelectual estariam relacionadas a sua representação social para os outros; à incipiente formação e qualificação profissional recebida; e, finalmente, à visão do empregador para aceitação ou não, do seu trabalho.

O problema da permanência da pessoa com deficiência intelectual no mercado de trabalho produtivo foi pouco enfatizado nos comentários dos pesquisados. Talvez por vivermos um momento de incentivo e valorização da formação e da qualificação, para a entrada no mercado de trabalho.

Para tanto, como ficaria a questão da permanência do jovem com deficiência, após ter ingressado em sua primeira experiência profissional, que dura em média dois anos, na mesma empresa? Estariam fadados a trabalhar numa área de menor remuneração, como na área de serviços da rede de supermercados? Estariam em condições de desemprego permanente? Teriam reais condições para uma plena atuação como trabalhadores em diversas áreas?

Assim, foi analisado na presente pesquisa que, embora as chances de sucesso sejam reais, as oportunidades ainda faltam. Também as condições de trabalho precisam ser construídas e, a formação e a qualificação destes trabalhadores precisam de grande investimento, não somente mediante políticas públicas, mas também da parte da sociedade, inclusive oferecendo melhores condições no ambiente de trabalho.

Por fim, a efetividade da inclusão requer entendimento e atitude — também das famílias e do próprio jovem com deficiência — no sentido de acreditar que é possível, confiar neles e respeitar esses trabalhadores.

CONSIDERAÇÕES FINAIS

A construção da pesquisa sociológica é um processo trabalhoso, que exige empenho, disciplina e persistência por parte do sociólogo, considerando a complexidade que envolve a pesquisa de campo, a escolha bibliográfica e a discussão de conceitos e de categorias apropriadas à temática, processo este que supõe a análise teórica e empírica, finalizada ou reconstruída como produção acadêmica de um texto que sistematize o percurso e os achados da pesquisa em formato adequado.

Para chegar ao final desta pesquisa, percorri intermináveis meses de estudo, de leitura, de aprofundamento da temática, mediante a busca de literatura adequada para a análise do campo de pesquisa, conversando inclusive com outras áreas do conhecimento, como da Educação, o que rendeu muitos questionamentos, que abrem novas perspectivas de análise e possibilidades de estudos futuros, devido às lacunas subjacentes.

A pesquisa que fundamenta este livro refere-se a minha dissertação, intitulada "A formação e a qualificação profissional do jovem com deficiência intelectual e sua inserção no mercado de trabalho formal em Curitiba (1990 – 2010)", que, mesmo após dez anos, continua atual, demonstrando a dura realidade de busca do primeiro emprego de jovens com deficiência intelectual.

Ela cumpriu seu objetivo de analisar sociologicamente a inserção do jovem com deficiência intelectual no mercado de trabalho formal, por meio dos processos de formação e de qualificação profissional, abrindo espaço e campo de análise para outras pesquisas que investigam a manutenção do emprego desses jovens com deficiência.[35]

Busquei compreender as dinâmicas que se configuram nesse contexto e o sentido dado à participação desses jovens pela sociedade. A relação indivíduo e sociedade permeou o desenvolvimento deste trabalho, na medida que se relacionou a percepção do sujeito com deficiência e o mercado de trabalho; o aparato legal e os trabalhadores; a formação, a qualificação do indivíduo e sua relação com a sociedade; o trabalhador e a empresa enquanto instituição social diretamente envolvida no processo.

---

[35] Encontrei alguns jovens da pesquisa na rede de supermercado, após dez anos, basicamente na mesma função em que foram contratados. Com as novas dinâmicas da rede de supermercados, com poucos empacotadores, alguns recolhem carrinhos e ajudam em pequenas tarefas.

Quanto ao problema apresentado, das principais barreiras e entraves para esse grupo se inserir e se manter no mercado de trabalho, ele foi respondido parcialmente, porque consegui delinear, pela análise da literatura e do campo de pesquisa, os impeditivos quanto à inserção profissional. Mas, quanto à permanência, há necessidade de investigações futuras a serem realizadas por novas pesquisas.

O percurso para a inserção profissional pela formação e qualificação foi amplamente discutido desde a concepção de trabalho, de emprego e de trabalhadores no Capítulo 1, que perpassam o âmbito legal do Estado, da Constituição Federal e da legislação trabalhista no Capítulo 2, e aprofundado no capítulo 4, pelas análises do campo de pesquisa.

A análise da Lei de Cotas buscou a perspectiva de respostas encontradas em estudos anteriores, nos quais retrataram a oportunidade legal dada à pessoa com deficiência quanto ao ingresso no mercado de trabalho, mas não o seu reconhecimento social enquanto trabalhador.

A análise da pessoa com deficiência perpassou todo o estudo, desde a inicial definição médica e a diferenciação em relação à doença mental enquanto transtorno até a pesquisa dos dados do Ministério do Trabalho, do Censo, da Rais e Caged no Brasil e do Observatório do Trabalho de Curitiba, para delinear o seu espaço de representação no mercado de trabalho.

Observa-se que os trabalhadores com deficiência intelectual foram contratados em menor número, se comparados às outras pessoas com deficiência, e ocupam funções básicas, de baixa remuneração, com contratações realizadas principalmente em áreas do setor de serviços e da indústria.

As representações sociais trabalhadas tiveram que ser discutidas para compreensão dos espaços de formação e de qualificação profissional, como uma breve trajetória dos jovens com deficiência intelectual e das empresas contratantes. Esses espaços de representações sociais revelaram histórias comuns de fracassos escolares no ensino regular, devido à dificuldade na leitura e escrita, levando-os por meio de avaliação, ao ensino especial em que foram acolhidos e terminaram seus estudos na Educação de Jovens e Adultos (EJA).

A falta de autonomia para as atividades da vida diária (AVD) é o problema dos deficientes intelectuais, devido a limitação cognitiva. Mesmo assim, encontra nas instituições formadoras apoio compreensão e ajuda para encaminhá-los a um trabalho, fazendo uso da Lei de Cotas, mas não uma formação condizente com as necessidades sociais e que o mercado de trabalho exige.

Os jovens com deficiência demonstraram de maneira clara, diversa e enriquecedora, para a sociologia, seus anseios juvenis pela busca de aceitação e de espaço na sociedade pelo trabalho. As empresas pesquisadas, aproximando-se de práticas inclusivas, apresentaram aspectos positivos quanto à inserção profissional dessa população, apesar de diferenciarem os deficientes dos outros trabalhadores ditos "normais".

As hipóteses que percorreram o trabalho como um todo foram corroboradas pela análise dos dados, confirmando que: a formação e a qualificação ofertada aos jovens com deficiência intelectual não condizem com as reais necessidades sociais desse público e nem com o interesse das empresas.

Essa evidência foi testada empiricamente e confirmada. Pode-se também afirmar que os jovens são empregados, não pela qualificação, mas, sim, pela obrigatoriedade das cotas. Nesse sentido, a pesquisa contribui para denunciar a situação ainda desfavorável e desigual que os jovens com deficiência encontram para serem inseridos no mercado de trabalho formal, foco da pesquisa.

O estigma que a pessoa com deficiência, em especial o jovem, pode vivenciar no ambiente de trabalho não pôde ser mensurado na pesquisa, mas alguns desses indícios foram destacados, principalmente pelas instituições formadoras, por algumas instâncias das Secretarias Municipais e pela literatura da área.

Como a pesquisa foi apenas nas empresas de tipo mais inclusivo, com as entrevistas sendo realizadas com representantes dos gestores, não foi aberta a possibilidade de entrevistar colegas de trabalho dos jovens com deficiência, o que significou que a hipótese do estigma não foi totalmente comprovada. A hipótese de que, pelo trabalho, o jovem com deficiência intelectual passa a integrar-se mais efetivamente à sociedade foi confirmada.

Nos capítulos, as perguntas de finalização quanto ao papel do Estado dirigente, política e juridicamente organizado na sociedade brasileira, constitui-se como legitimador dos direitos sociais, expressos pela Constituição Federal de 1988.

O papel da legislação trabalhista para a pessoa com deficiência dá continuidade aos preceitos da Constituição, com o princípio de igualdade perante a lei e não de universalidade para todos. Foi considerado que a Lei n.º 7853/89, o Decreto n.º 3298/99, que a regulamenta, e a Lei n.º 8213/91, conhecida como Lei de Cotas, são importantes instrumentos, mas devem levar à discussão entre o Estado, a sociedade civil e os empresários, para que efetivamente revertam em melhorias na inserção laboral desses trabalhadores e que não os deixem fadados em funções em nichos de mercado.

Tais leis demoraram décadas para serem reconhecidas, vislumbradas, aplicadas e acompanhadas, quando se configuraram enquanto políticas públicas vigentes. O diferente, estigmatizado, a pessoa com deficiência ainda está sendo inserida gradativamente no mercado de trabalho formal, em funções que não são mais atrativas para os demais trabalhadores e não se veem possibilidades de ascensão profissional no cargo ocupado.

A formação e a qualificação profissional para a pessoa com deficiência ainda não atendem às necessidades e expectativas laborais desse público, necessitando de grandes discussões para além do espaço escolar e da empresa, perpassando o conhecimento da sociedade civil.

Neste sentido, os jovens com deficiência intelectual, conforme constatou a pesquisa, são percebidos e confundidos com pessoas representadas como doentes mentais, em muitos casos. Portanto, nota-se que esses jovens são pouco conhecidos e valorizados no mercado de trabalho para além da Lei de Cotas e exercem funções básicas em nichos das áreas citadas de serviços em supermercados e da indústria, na produção e na separação de resíduos.

A educação especial foi uma das portas de entrada para a pesquisa e de maior acesso da pesquisadora por também ser servidora pública da rede municipal de ensino de Curitiba, e pela análise dos programas de educação, de formação para o trabalho, que tem privilegiado as atividades manuais, artesanais e práticas de rotinização de comportamentos e que pretendem desenvolver habilidades para o mundo do trabalho.

Tais programas representam, para os jovens com deficiência intelectual um espaço de acolhimento e de respeito, mais do que um caminho que pode levá-los a um posto de trabalho, por meio da intermediação de mão de obra, realizada pelas profissionais de apoio à empregabilidade.

As oficinas de formação, analisadas com maior fôlego, apresentaram duas visões: uma de manutenção da prática pedagógica fundada no assistencialismo e no trabalho terapêutico e, outra, almejando um movimento de mudanças ainda muito tímido, no que concerne a adequação de suas práticas às necessidades dos jovens especiais e às exigências do mercado de trabalho formal.

O programa de Educação para o Trabalho e Convivência Sociais, que era chamado na época de empregabilidade, foi revisitado pela pesquisadora em 2022, quase dez anos após a pesquisa, para verificar o que tinha sido modificado nesse universo das três escolas municipais que agora viraram uma modalidade de ensino, com terminalidade e certificação

RETRATOS DA FORMAÇÃO, QUALIFICAÇÃO PROFISSIONAL
E INSERÇÃO NO MERCADO DE TRABALHO FORMAL

do ensino fundamental, por si só já é um avanço, porque, no momento da pesquisa, os jovens saiam com uma declaração da escola.

Atualmente, o programa pouco mudou do que foi observado há dez anos. As três escolas especiais apresentam um trabalho diferenciado nas três unidades, mesmo estando no mesmo programa. Enquanto uma das escolas dá mais ênfase nas oficinas de formação que estenderam a abrangência, mas mantiveram as formações clássicas em artesanato, cozinha experimental, gráfica, horta e jardinagem e AVDs, a outra escola se preocupa com o convívio social e desenvolvimento de aptidões dos estudantes de modo geral, no lar, na escola e na sociedade. A terceira escola desenvolve o foco de parcerias com o mercado de trabalho, na rede de supermercados e de alimentação, que necessitam de trabalhadores para cumprir a Lei de Cotas.

As vagas ocupadas por esses jovens com deficiência no mercado de trabalho formal continuam as mesmas, na rede de supermercados, como empacotadores e repositores, no ramo de alimentação, como no Mc Donald's, trabalhando na montagem dos sanduíches, limpeza das mesas e no descarte do lixo, e na rede farmacêutica, trabalhando como auxiliares de reposição.[36] Pareceu recomendável que haja a modificação legal na estrutura das oficinas, visando à organização de um currículo para a formação profissional, que diferencie a escolarização básica da específica. Essa formação poderia ser desenvolvida nos níveis básico e técnico, com metodologias de ensino adequadas às limitações da pessoa com deficiência intelectual e aos anseios do público jovem, com maior extensão de carga horária, prevendo estágios na comunidade e em empresas locais.

É ressaltada a importância da avaliação do desempenho do aluno quanto a sua aprendizagem formal escolar, visando ampliar a qualidade dos cursos ofertados e a possibilidade de escolha do jovem, além de garantir uma certificação. As oficinas de formação, no período pesquisado, tinham a preocupação de colocação, recolocação e manutenção do emprego da pessoa com deficiência no mercado de trabalho formal.

As atividades nas oficinas das escolas especiais, realizadas de forma fragmentada, em série, parcelado sem o conhecimento do todo, lembra-nos um modelo taylorista-fordista, como na oficina de cartonagem, que vendiam seus produtos por encomenda.

---

[36] O número de estudantes encaminhados ao mercado de trabalho sofreu um retrocesso em função da pandemia, mas as escolas continuaram fazendo o mesmo trabalho de intermediadoras de mão de obra, ajudando na parceria para que os estudantes tivessem documentos, os encaminhando ao mercado de trabalho em vagas clássicas com predominância no setor de serviços em supermercados. O programa de Jovem Aprendiz também foi citado por uma das escolas. A colocação e recolocação profissional também.

Esses processos de fragmentação da elaboração do produto, sem o conhecimento de todo o processo pelo estudante, podem aumentar a especialização em uma única parte do processo, dificultando o entendimento do produto final do trabalho, que geraria a autonomia tão almejada.

Algumas evidências reforçam a necessidade de as oficinas atuarem mais no sentido da educação profissional de fato, com um currículo próprio, com ementas possíveis e com formação para além da artesanal, cujo caráter se assemelha mais às terapias ocupacionais.

Trata-se de um espaço de construção de um percurso que leve para além das políticas de inclusão e de atividades limitadas — que oferecem poucas alternativas, e mantém estes jovens em boa parte ligados ao setor informal —, em direção a políticas que ampliem as vagas de trabalho e as chances de formação e qualificação a todos, indiscriminadamente, em lugar de responsabilizar o trabalhador por sua própria falta de qualificação e consequentemente estar fadado ao desemprego.

Essas práticas das oficinas dão mais ênfase ao trabalho informal, não proporcionando uma adequada formação ao trabalho formal, que só seria possível com cursos de qualificação profissional, nas áreas que são mais empregados estes jovens ou que almejam trabalhar, que seriam: área administrativa, de informática, de panificação, de montagem de equipamentos, dentre outros.

As escolas especiais deveriam fazer o que mais lhe compete: ensinar habilidades cognitivas, de leitura, escrita e raciocínio lógico matemático; e realizar parcerias de cursos de qualificação profissional com certificação, nas áreas em que os estudantes são empregados, com parceria com a FAS, o sistema S e até mesmo a ONG Unilehu.

As políticas públicas de qualificação profissional foram apresentadas na pesquisa como contextualização histórica e social do período pesquisado e também devido à utilização de termos na atualidade advindos da década de 1990, em que tivemos a reestruturação produtiva no Brasil, como empregabilidade, competências e polivalência para o trabalho, numa responsabilização dos trabalhadores com deficiência, pela não inserção no mercado de trabalho formal.

Observou-se e analisou-se na pesquisa um momento crítico, importante e até decisivo na vida de qualquer jovem — a passagem da educação, da preparação, para o trabalho, à inserção no mercado de trabalho formal. Esse período de transição é cercado por muitas indagações, dúvidas e adaptações, mais ainda para o jovem com deficiência. Assim, necessita da orientação de sua família, mas também da orientação e da contribuição de outros profissionais como referência, inclusive para o acompanhamento de sua integração ao trabalho. Mais do que um trabalho, no sentido formal do termo, representa uma possibilidade de sentir-se útil e integrado socialmente.

Os jovens com deficiência, encontrados no campo de pesquisa, buscam a inserção profissional no primeiro emprego formal, com carteira assinada e direitos trabalhistas. Um fato que dificulta essa inserção, como analisada na pesquisa, seria a falta de terminalidade de sua escolarização, que equivale aos primeiros anos do ensino fundamental, devido às limitações de sua deficiência. Assim mesmo, os dados comprovaram que, após a entrada no mercado de trabalho, a maioria destes jovens continuou a escolarização em cursos de Educação de Jovens e Adultos (EJA), que se mostraram mais adequados a esse público.

Conforme os relatos das empresas mais includentes, os jovens com deficiência intelectual podem tornar-se excelentes empregados, devido a confiabilidade, ao índice de assiduidade e de valorização que dão à empresa e ao trabalho que estão desenvolvendo.

Os entrevistados demonstraram que consideram seus empregos interessantes e que gostam da função que estão desempenhando. Sendo assim, analiso que o trabalho vai possibilitar a esses jovens a entrada no mundo adulto, sendo capazes de exercerem uma função produtiva, de responsabilidade perante suas famílias e a sociedade.

Quanto à análise crítica da legislação trabalhista voltada à pessoa com deficiência, principalmente dos anos de 1990, me arrisco a dizer que houve avanços tardios, como o da retomada da Lei de Cotas, após 20 anos de Constituição Federal. As fontes bibliográficas no campo acadêmico não deixam claro o que teria acontecido nesse período. Foram registrados alguns avanços quanto ao trabalho da pessoa com deficiência, apesar da crise neoliberal e da precariedade das condições de trabalho e de emprego.

O trabalho da pessoa com deficiência intelectual, até o presente, poderia ser categorizado como manual e necessita da rotina para se desenvolver, mantendo as relações sociais e de trabalho vigentes. Ao mesmo tempo, a não aceitação real da sociedade os limita à integração legal.

Acredito que sua inserção no mercado de trabalho tem impulsionado mudanças na forma de vê-los e percebê-los nas relações sociais, não apenas como um problema social a ser solucionado, mas como potenciais trabalhadores, ainda pouco visualizados na sociedade, e como objetos de pesquisa futuros da Sociologia do Trabalho e da educação, em estudos que poderão jogar luz sobre essa realidade.

Este livro tem o ensejo de contribuir para o aprofundamento e desenvolvimento de outras pesquisas sociológicas e também de outras áreas do conhecimento. Buscou-se desnaturalizar, discutir e interpretar como o jovem com deficiência intelectual tende a tornar-se trabalhador. Que caminhos tem percorrido desde a formação e a qualificação profissional ao mercado de trabalho e o que o empregador almeja do seu trabalho.

Diria que a pesquisa foi um complexo trabalho investigativo, de imaginação sociológica (Mills,1982), adentrando ao campo de pesquisa pela observação, escuta e análise da representação dos atores sociais envolvidos e do jovem deficiente intelectual, que trouxeram à tona o perfil de um trabalhador ainda pouco visualizado nas representações sociais do que é ser um trabalhador.

Castel (2008) nos elucida sobre a necessidade de serem promovidas políticas de integração e de inclusão ao trabalhador especial; contemplando e integrando ao estudo as demais deficiências como: física e sensorial (auditiva e visual). Faz-se necessário pesquisas comparativas e analíticas que investiguem a representação social desse trabalhador nas demais capitais brasileiras e, em comparação com a sociedade global, com outros países que já tiveram avanços ou diferentes experiências associadas às políticas públicas de formação e de qualificação profissional, como em Portugal que desenvolve estudos da sociologia da deficiência.

O que deve ficar claro é que a escola não é uma instituição social redentora, única responsável pela formação e qualificação profissional desses jovens. Outros agentes e instituições têm papel fundamental na integração e inclusão social, econômica dos deficientes, como o Estado.

Para além da Lei de Cotas, ainda necessária para a inserção no mercado de trabalho formal, deveriam ocorrer incentivos fiscais às empresas menores para a contratação e fiscalização do Ministério do Trabalho, ações que viessem ao encontro das necessidades das pessoas com deficiência, que desejam um lugar no mercado de trabalho formal.

Finalizando, considero que a sociedade e o trabalho no do século 21 necessitam do Estado, com sua estrutura social e legal, do trabalho reflexivo e de mais pesquisas acadêmicas que impulsionam análises consistentes e a promoção de políticas públicas para a construção de alternativas econômicas, políticas e sociais para os trabalhadores com deficiência.

REFERÊNCIAS

ANTUNES, Ricardo. A nova era da precarização estrutural do trabalho? *In:* DAL ROSSO, Sadi; FORTES, José Augusto (org.). **Condições de trabalho no limiar do século XXI**. Brasília: Épocca, 2008. p. 13-35.

ANTUNES, Ricardo. **Os sentidos do trabalho**: ensaio sobre a afirmação e a negação do trabalho. 6ª reimpressão. Campinas, SP: Boitempo, 2002.

ARAÚJO, Josemar. Figueiredo. **Inclusão pela legislação**: uma abordagem sociológica dos atuais resultados da política brasileira de cotas para pessoas com deficiência nas empresas privadas. 2009. 122f. Dissertação (Mestrado em Sociologia e Direito) – Setor de Sociologia e direito, Universidade Federal Fluminense, Niterói, 2009.

ARAÚJO, Luiz Alberto David. **A proteção constitucional das pessoas portadoras de deficiência**. Brasília: Corde, 1994.

ARON, Raymond. **As etapas do pensamento sociológico**. 7. ed. São Paulo: Martins Fontes, 2008. (Coleção tópicos)

BATISTA, Cristina *et al.* **Educação profissional e colocação no trabalho**: uma nova proposta de trabalho junto à pessoa portadora de deficiência. Brasília: Federação Nacional das Apaes, 1997.

BERGAMO JR, Adilson. **O trabalho das pessoas com deficiência em empresas privadas. 2009.** 107f. Dissertação (Mestrado em Distúrbios do Desenvolvimento) – Universidade Presbiteriana Mackenzie de São Paulo, São Paulo, 2009.

BEVERVANÇO, Rosana Beraldi. **Da exclusão à igualdade**: direitos da pessoa portadora de deficiência. Curitiba: MPPR, 2001.

BOBBIO, Norberto. **Estado, governo e a sociedade**: uma teoria da política. 13. ed. São Paulo: Paz e Terra, 2007.

BRASIL. **A inclusão de pessoas com deficiência no mercado de trabalho.** 2. ed. Brasília: MTE/SIT, 2007.

BRASIL. **Censo demográfico 2000**. Brasília, 2003. Disponível em: http://www.ibege. gov.br/home/presidencia/noticias/27062003censo.shtm. Acesso em: 13 mar. 2010.

BRASIL. **Convenção da ONU sobre os Direitos das Pessoas com Deficiência**. Senado Federal. Brasília, DF, 2008.

BRASIL. **Decreto n.º 3. 298, de 20 de dezembro de 1999**. Regulamenta a Lei n.º 7.853, de 24 de outubro de 1989, dispõe sobre a Política Nacional para a Integração da Pessoa Portadora de Deficiência, consolida as normas de proteção, e dá outras providências. Disponível em: http://www.planalto.gov.br/ccivil_03/decreto/D3298.htm. Acesso em: 20 jul. 2010.

BRASIL. **Estatuto da criança e do adolescente**: lei 8.069/90. 4. ed. Rio de Janeiro: DP&A, 2002.

BRASIL. **Estatuto da pessoa com deficiência.** Brasília, DF: Senado Federal, 2008.

BRASIL. **Lei n.º 7.853, de 24 de outubro de 1989**. Dispõe sobre o apoio às pessoas portadoras de deficiência, sua integridade social, sobre a Coordenadoria Nacional para a Integração da Pessoa Portadora de Deficiência – Corde. Disponível em: http://www.planalto.gov.br/ccivil_03/Leis/L7853.htm. Acesso em: 19 jul. 2010.

BRASIL. **Lei n.º 8.213, de 24 de julho de 1991**. Dispõe sobre os Planos de Benefícios da Previdência Social e dá outras providências. Disponível em: http://www.planalto.gov.br/ccivil_03/Leis/L8213.htm. Acesso em: 18 jul. 2010.

BRASIL. **Lei n.º 8.742, de 7 de dezembro de 1993**. Dispõe sobre a organização da Assistência Social e dá outras providências. Disponível em: http://www.planalto.gov.br/ccivil_03/Leis/L8742.htm. Acesso em: 20 jul. 2010.

BRASIL. **Lei n.º 10. 741, de 1º de outubro de 2003**. Dispõe sobre o Estatuto do Idoso e dá outras providências. Disponível em: http://www.planalto.gov.br/ccivil_03/leis/2003/L10.741.htm. Acesso em: 19 ago. 2010.

BRASIL. Lei n.º 9.394, de 20 de dezembro de 1996. Estabelece as diretrizes e bases da educação nacional. *In:* MENESES, João Gualberto de *et al.* **Estrutura e funcionamento da educação básica**. São Paulo: Pioneira, 1998. p. 306-335.

BRASIL. **Plano Nacional de Qualificação** – PNQ 2003-2007. Brasília: MTE/SPPE, 2003.

BRASIL. Ministério do Trabalho e Emprego. **Plano Nacional de Qualificação do Trabalhador**. Diversidade & igualdade de oportunidade: qualificação profissional da pessoa portadora de deficiência. Brasília: MTE, 2000.

BRAVERMAN, Harry. **Trabalho e capital monopolista**: a degradação do trabalho no século XX. Rio de Janeiro: Zahar, 1981.

CARDOSO, Ruth Correia Leite; SAMPAIO, Helena Maria Sant'Ana. **Bibliografia sobre a juventude**. São Paulo: USP, 1995.

CARRILO, Jorge; IRANZO, Consuelo. Calificación y competência laborales em América Latina. *In:* TOLEDO, Enrique de la Garza Toledo. **Tratado latinoamenricano de sociología.** México: FCE, 2003. p. 179-212.

CARVALHO-FREITAS, Maria Nivalda de. **A inserção de pessoas com deficiência em empresas brasileiras**: um estudo sobre relações entre concepções de deficiência, condições de trabalho e qualidade de vida no trabalho. 313f. Tese (Doutorado em Administração) – Setor de Ciências Econômicas, Universidade Federal de Minas Gerais, Belo Horizonte, 2007.

CARVALHO-FREITAS, Maria Nivalda de; MARQUES, Antônio Luiz (org.). **Trabalho e pessoa com deficiência**: pesquisas, práticas e instrumentos de diagnóstico. 1. ed. 1ª reimpressão. Curitiba, Juruá, 2009.

CASTEL, Robert. **As metamorfoses da questão social**: uma crônica do salário. 7. ed. Petrópolis, RJ: Vozes, 2008.

CATTANI, Antonio David (org.). **Dicionário crítico sobre trabalho e tecnologia.** 4. ed. rev. ampl. Petrópolis: Vozes; Porto Alegre: UFRGS, 2002.

CATTANI, Antonio David; HOLZMANN, Lorena (org.). **Dicionário de trabalho e tecnologia.** Porto Alegre: UFRGS, 2006.

CATTANI, Antonio David; DÍAZ, Laura Mota (org.). **Desigualdades na América Latina**: novas perspectivas analíticas. Porto Alegre: UFRGS, 2005.

CERIGNONI, Francisco Núncio; RODRIGUES, Maria Paula. **Deficiência**: uma questão política? São Paulo: Paulus, 2005.

COSTA, Cândida de. Do Planfor ao PNQ: mundo do trabalho, qualificação profissional e políticas públicas. *In:* OLIVEIRA, Roberto Véras de (org.). **Qualificar para que?** Qualificação para quem? São Paulo: Unitrabalho; Campina Grande: UFCG, 2006. p. 131-150.

CURITIBA. **Diretrizes da Inclusão e Educação Especial de Curitiba**: diálogos com a BNCC. Curitiba, SME, 2022.

DADOS CAGED. Brasília: MTE, 2010.

DADOS RAIS 2001-2009. **Características do emprego formal segundo a relação anual de informações sociais.** Brasília: Rais, 2009. Disponível em: http://www.mte. gov.br/pdet/o_pdet/reg_admin/rais/result_definit_rais_asp. Acesso em: 13 mar. 2011.

DAL ROSSO, Sadi; FORTES, José Augusto (org.). **Condições de trabalho no limiar do século XXI.** Brasília: Épocca, 2008.

DINIZ, Débora. **O que é deficiência**. São Paulo: Brasiliense, 2007. 89 p. (Coleção Primeiros Passos)

DORTIER, Jean-François. **Dicionário de ciências humanas**. São Paulo: WM Martins Fontes, 2010.

DOVAL, Jorge Luiz Moraes. **Inclusão de pessoas portadoras de deficiência no mercado de trabalho**: desafios e tendências. 2006. 199 f. Dissertação (Mestrado em Administração) – Setor de Administração, Universidade Federal do Rio Grande do sul, Porto Alegre, 2006.

DUPAS, Gilberto. **Economia global e exclusão social**: pobreza, emprego, Estado e o Futuro do Capitalismo. São Paulo: Paz e Terra, 2009.

DURKHEIM, Émile. **Da divisão do trabalho social**. 3. ed. São Paulo: Marins Fontes, 2008. (Tópicos)

DURKHEIM, Émile. **As regras do método sociológico**. 2. ed. São Paulo: Martins Fontes, 1999.

DURKHEIM, Émile. **O suicídio**. 1ª reimpressão. São Paulo: Martin Claret, 2008.

ENRIQUEZ, Eugène. Perda do trabalho, perda da identidade. *In:* NABUCO, Maria Regina; CARVALHO NETO, Antônio. **Relações de trabalho contemporâneas**. Belo Horizonte: IRT, PUCMG, 1999. p. 69-83.

ESTADO. *In:* BOUDON, Raymond; BOURRICAUD, François. **Dicionário crítico de sociologia**. 2. ed. 5ª impressão. São Paulo: Ática, 2007. p. 205-213.

ESTADO CONTEMPORÂNEO. *In:* BOBBIO, Norberto; MATTEUCCI, Nicola; PASQUINO, Gianfranco. **Dicionário de política.** 12. ed. Brasília: UNB, 2004. v. 1, p. 401-403.

FELICISSIMO, José R. A descentralização do Estado frente às novas práticas e formas de ação coletiva. **São Paulo em Perspectiva**, São Paulo, v. 8, n. 2, p. 45-52, 1994.

FERNÁNDEZ, Dídimo Castillo. Integração social das pessoas com alguma deficiência: da ideologia do déficit ao paradigma da diferença. *In:* CATTANI, Antonio; DÍAZ, Laura Mota (org.). **Desigualdades na América Latina**: novas perspectivas analíticas. Porto Alegre: UFRGS, 2005. p. 189-233.

FIGUEIREDO, Guilherme José Purvin (org.). **Direito das pessoas portadoras de deficiência**. Instituto Brasileiro de Advocacia Pública. São Paulo: Max Limonad, 1997.

FRANZOI, Naira Lisboa. Inserção profissional. *In:* CATTANI, Antonio David; HOLZMANN, Lorena. **Dicionário de trabalho e de tecnologia.** Porto Alegre: UFRGS, 2006. p. 163-165.

FRIEDMANN, Georges; NAVILLE, Pierre. **Tratado de sociologia do trabalho.** São Paulo: Cultrix, Universidade de São Paulo, 1973. 1 v.

FONSECA, Ricardo Tadeu Marques da. O trabalho protegido do portador de deficiência. Revista de Direitos Difusos n. 4 – **Proteção jurídica dos portadores de deficiência,** São Paulo, Ibap, dez. 2000. p. 481-486.

FONSECA, Ricardo Tadeu Marques da. **O trabalho da pessoa com deficiência e a lapidação dos direitos humanos**: o direito do trabalho, uma ação afirmativa. São Paulo: LTr, 2006. 304 p.

FONTOURA, Daniele dos Santos; PICCININI, Valmira Carolina. Inserção de pessoas portadoras de deficiência no mercado de trabalho. **Revista da Abet** – Associação Brasileira de Estudos do Trabalho, Rio de Janeiro, v. VII, n. 2, p. 153- 166, jul./dez. 2008.

GIBBS, Graham. **Análise de dados qualitativos.** Porto Alegre: Artmed, 2009. (Coleção Pesquisa qualitativa Uwe Flick)

GIORDANO, Blanche Warzée. **(D) eficiência e trabalho**: analisando suas representações. São Paulo: Fapesp, 2000.

GOFFMAN, Erving. **Estigma**: notas sobre a manipulação da identidade deteriorada. 4. ed. Rio de Janeiro: Zahar, 2008.

GOLDFARB, Cibelle Linero. **As pessoas portadoras de deficiência e a relação de** emprego: análise do sistema de cotas no Brasil e das peculiaridades do contrato de trabalho. 2006. 204f. Dissertação (Mestrado em Direito) – Setor de Direito, Universidade de São Paulo, São Paulo, 2006.

GUIMARÃES, Nadya Araújo. Prefácio – O trabalho (e sua sociologia) em transformação. *In:* LEITE, Márcia de Paula. **Trabalho e sociedade em transformação**: mudanças produtivas e atores sociais. São Paulo: Fundação Perseu Abramo, 2003. p. 11-16.

HIRATA, Helena. Da polarização das qualificações ao modelo das competências. *In:* FERRETI, Celso João *et al.* **Novas tecnologias, trabalho e educação**: um debate multidisciplinar. Petrópolis, RJ: Vozes, 1994. p. 124-142.

HIRATA, Helena. **Nova divisão sexual do trabalho**: um olhar voltado para a empresa e a sociedade. São Paulo: Boitempo, 2002. p. 273-289.

HOLZMANN, Lorena. Toyotismo. *In:* CATTANI, Antonio David; HOLZMANN, Lorena. **Dicionário de trabalho e de tecnologia**. Porto Alegre: UFRGS, 2006. p. 314-318.

IBGE. **Pessoas com deficiência e as desigualdades sociais no Brasil**/IBGE, Rio de Janeiro. Coordenação de População e Indicadores Sociais, 2022. Disponível em: https://biblioteca.ibge.gov.br/visualizacao/livros/liv101964_informativo. pdf. Acesso em: 1 mar. 2023.

IVANIUK, Ana Lúcia. **Orientação profissional em pessoas com necessidades especiais**: revisão de literatura (2000-2009). 2009. 108f. Tese (Doutorado em Psicologia) – Centro de Ciências da Vida, Pontifícia Universidade Católica de Campinas, Campinas, São Paulo, 2009.

JAIME, Lucíola Rodrigues; CARMO, José Carlos do. **A inserção da pessoa com deficiência no mundo do trabalho**: o resgate de um direito de cidadania. São Paulo: dos Autores, 2005.

KALUME, Pedro de Alcântra. **Deficientes**: ainda um desafio para o governo e para a sociedade; habilitação, reabilitação profissional e reserva de mercado de trabalho. São Paulo: LTr, 2005.

LANCILLOTTI, Samira Saad Pulcherio. **Deficiência e trabalho**: redimensionando o singular no contexto universal. Autores Associados, 2003. Coleção Polêmicas do Nosso Tempo.

LARANJEIRA, Sonia M. G. Fordismo e pós-fordismo. *In:* CATTANI, Antonio David; HOLZMANN, Lorena. **Dicionário de trabalho e de tecnologia**. Porto Alegre: UFRGS, 2006. p. 133-136.

LEITE, Márcia de Paula; ARAÚJO, Angela Maria Carneiro. **O trabalho reconfigurado**: ensaios sobre Brasil e México. São Paulo, Campinas: Unicamp, 2007.

LEITE, Márcia de Paula. **Trabalho e sociedade em transformação**: mudanças produtivas e atores sociais. São Paulo: Perseu Abramo, 2003.

LIMA, Antonio Almerico Biondi; LOPES, Fernando Augusto Moreira. **Diálogo social e qualificação profissional**: experiências e propostas. Brasília: MTE/ SPPE/DEQ, 2005. (Construindo diálogos, v.1)

LOBATO, Beatriz Cardoso. **Pessoas com deficiência no mercado de trabalho**: implicações da Lei de Cotas. 2009. 149f. Dissertação (Mestrado em Educação Especial) – Setor de Educação Especial, Universidade Federal de São Carlos, São Carlos, 2009.

LUKES, Steven. Bases para a interpretação de Durkheim. *In:* COHN, Gabriel (org.). **Sociologia:** para ler os clássicos. 2. ed. 1ª reimpressão. Rio de Janeiro: Azougue, 2009. p. 7-54.

MACHADO, Marília Novais da Mata. **Entrevista de pesquisa:** a interação pesquisador/entrevistado. Belo Horizonte: Com Arte, 2002.

MACIEL, Fabrício. Todo trabalho é digno? Um ensaio sobre moralidade e reconhecimento na modernidade periférica. *In:* SOUZA, Jessé (org.). **A invisibilidade da desigualdade brasileira.** Belo Horizonte: UFMG, 2006. p. 285-322.

MAIA, Rui Leandro. **Dicionário de sociologia:** dicionários temáticos. Portugal: Porto, 2004.

MANFREDI, Silvia Maria. Qualificação e educação: reconstruindo nexos e inter-relações. *In:* SAUL, Ana Maria; FREITAS, José Cleber de. **Políticas públicas de qualificação:** desafios atuais. São Paulo: A+Comunicação, 2007. p. 9-36.

MARQUEZAN, Reinoldo. **O deficiente no discurso da legislação.** Campinas, SP: Papirus, 2009. (Série Educação Especial)

MARQUEZAN, Reinoldo. O discurso da legislação sobre o sujeito deficiente. **Revista Brasileira de Educação Especial**, Marília, v. 14, n. 3, p. 463-478, set./dez. 2008.

MARX, Karl. **O capital:** crítica da economia política. 26. ed. Rio de Janeiro: Civilização Brasileira, 2008. Livro 1, v. 1.

MINARELLI, José Augusto. **Empregabilidade como ter trabalho e remuneração sempre:** o caminho das pedras. São Paulo: Gente, 1995.

MINAYO, Maria Cecília de Souza (org.). **Pesquisa social:** teoria, método e criatividade. 27. ed. Petrópolis, RJ: Vozes, 2008.

NABUCO, Maria Regina; CARVALHO NETO, Antônio. **Relações de trabalho contemporâneas.** Belo Horizonte: IRT: PUCMG, 1999.

NOHARA, Jouliana Jordan; ACEVEDO, Claudia Rosa; FIAMMETTI, Marcelo. A vida no trabalho: as representações sociais das pessoas com deficiência. *In:* CARVALHO, Alfredo Roberto de *et al.* (org.). **Pessoa com deficiência na sociedade contemporânea:** problematizando o debate. Cascavel, PR: Unioeste, 2006. p. 71-88. (Programa Institucional de ações relativas às pessoas com necessidades especiais)

OFFE, Claus. **Trabalho e sociedade.** Problemas estruturais e perspectivas para o futuro da "Sociedade do Trabalho". Rio de Janeiro: Tempo Brasileiro, 1989. v 1 – A Crise.

OFFE, Claus. **Trabalho e sociedade**. Problemas estruturais e perspectivas para o futuro da "Sociedade do Trabalho". Rio de Janeiro: Tempo Brasileiro, 1991.

OLIVEIRA, Roberto Véras de. Qualificação profissional: um campo em disputa. *In:* OLIVEIRA, Roberto Véras de (org.). **Qualificar para que?** Qualificação para quem? São Paulo: Unitrabalho; Campina Grande: UFCG, 2006. p. 12-26.

OLIVEIRA, Roberto Véras de. **A qualificação profissional como política pública**. Brasília: MTE: SPPE: DEQ, 2005. v. 3. (Coleção Qualificação Social e Profissional)

OUTHWAITE, William; BOTTOMORE, Tom. **Dicionário do pensamento social do século XX.** Rio de Janeiro: Jorge Zahar, 1996.

PARANÁ. **Coletânea da legislação referente aos direitos da pessoa portadora de deficiência**. Curitiba: Centro de Apoio Operacional das Promotorias de Defesa dos Direitos da Pessoa Portadora de Deficiência, 1997.

PASTORE, José. **Oportunidades de trabalho para portadores de deficiência**. São Paulo: LTr, 2000.

PEREIRA, Elizabeth Aparecida; TIBOLA, Ivanilde Maria (org.). **Direitos da pessoa com deficiência**: conhecer para exigir. Brasília: Senado Federal, 2008.

PREFEITURA MUNICIPAL DE CURITIBA. Observatório do trabalho de Curitiba. **Relatório especial sobre a pessoa com deficiência no mercado de trabalho formal em Curitiba – PR.** Curitiba: PMC/Dieese, 2009.

PRESTES, Emília M. da T. Considerações sobre o Planfor e suas experiências de avaliação. *In:* OLIVEIRA, Roberto Véras de (org.). **Qualificar para que?** Qualificação para quem? São Paulo: Unitrabalho; Campina Grande: UFCG, 2006. p. 111-130.

POCHMANN, Márcio. **O emprego na globalização**: a nova divisão internacional do trabalho e os caminhos que o Brasil escolheu. São Paulo: Boitempo, 2001.

POCHMANN, Márcio. O mundo do trabalho em mudança. *In:* NABUCO, Maria Regina; CARVALHO NETO, Antônio. **Relações de trabalho contemporâneas**. Belo Horizonte: IRT, PUCMG, 1999. p. 13-30.

POUPART, Jean. **Pesquisa qualitativa**: enfoques epistemológicos e metodológicos. Petrópolis, RJ: Vozes, 2008.

REBELO, Paulo. **A pessoa com deficiência e o trabalho**. Rio de Janeiro: Qualitymark, 2008.

RELATÓRIO SOCIAL 2009 – 2010: Universidade Livre para a Eficiência Humana (Unilehu). Curitiba: Idealgraf, 2009-2010.

RIBEIRO, João Ubaldo. **Política**: quem manda, por que manda, como manda. 2. ed. e rev. Rio de Janeiro: Nova Fronteira, 1986.

ROBERT, Cinthia (org.). **O direito do deficiente**. Rio de Janeiro: Lumen Juris, 1999. (Série Direitos Especiais)

ROSA, Maria Inês. **Uso de si e testemunhos de trabalhadores**. São Paulo: Letras & Letras, 2004.

SABATOVSKI, Emílio; FONTOURA, Iara. **Constituição Federal de 1988**. Curitiba: Juruá, 2002.

SALLAS, Ana Luisa Fayet *et al.* **Os jovens de Curitiba**: esperanças e desencantos, juventude, violência e cidadania. 2. ed. Curitiba: UFPR, 2008.

SANTANA, Marco Aurélio; RAMALHO, José Ricardo. **Sociologia do trabalho no mundo contemporâneo**. Rio de Janeiro: Jorge Zahar, 2004.

SASSAKI, Romeu Kazuma. **Inclusão**: construindo uma sociedade para todos. 2. ed. Rio de Janeiro: WVA, 1997.

SCHWARZ, Andréa; HABER, Jaques. **População com deficiência no Brasil**: fatos e percepções. São Paulo: Febraban, 2006. (Coleção Frebraban de Inclusão social)

SCOTT, John. **Sociologia**: conceitos-chaves. Rio de Janeiro: Zahar, 2010.

SEVERINO, Maria do Perpétuo Socorro Rocha Sousa. **As pessoas com deficiência no mercado de trabalho**: expressão das desigualdades sociais. 2007. 170 f. Dissertação (Mestrado em Serviço Social) – Setor de Serviço social, Universidade Federal do Rio Grande do Norte, Natal, 2007.

SINGER, Paul. A crise das relações de trabalho. *In:* NABUCO, Maria Regina; CARVALHO NETO, Antônio. **Relações de trabalho contemporâneas**. Belo Horizonte: IRT: PUCMG, 1999. p. 31-45.

SOUSA, Antonia de Abreu *et al.* (org.). **Trabalho, capital mundial e formação de trabalhadores.** Fortaleza: Senac do Ceará, 2008.

STEIGER, Leandro. **Narrativas sobre o processo de inclusão de pessoas portadoras de deficiência mental no mercado de trabalho**. 2006. 100 f. Dissertação (Mestrado em Educação) – Setor de Educação, Universidade de Passo Fundo, Passo fundo, 2006.

STROOBANTS, Marcele. Qualificação ou competências? Normas de geometria variável. *In:* DESAULNIERS, Julieta Beatriz Ramos (org.). **Formação & trabalho & competência**: questões atuais. Porto Alegre: EDIPUCRS, 1998. p. 81-100.

QUIVY, Raymond; CAMPENHOUDT, Luc Van. **Manual de investigação em Ciências Sociais**. Lisboa: Gradiva, 1992. p 27-87.

TANAKA, Eliza Dieko Oshiro; MANZINE, Eduardo José. O que os empregadores pensam sobre o trabalho da pessoa com deficiência? **Revista de Educação Especial**, Marília, v. 11, n. 2, p. 273-294, ago. 2005.

TAUILE, José Ricardo. **Para (re) construir o Brasil contemporâneo**: trabalho, tecnologia e acumulação. Rio de Janeiro: Contraponto, 2001.

TREMBLAY, Marc-Adélar. Reflexões sobre uma trajetória pessoal pela diversidade dos objetos de pesquisa. *In:* POUPART, Jean. **Pesquisa qualitativa**: enfoques epistemológicos e metodológicos. Petrópolis, RJ: Vozes, 2008. p. 9-30.

TROTTIER, Claude. Emergência e constituição do campo de pesquisa sobre a inserção profissional. *In:* DESAULNIERS, Julieta Beatriz Ramos (org.). **Formação & trabalho & competência**: questões atuais. Porto Alegre: EDIPUCRS, 1998. p. 133-177.

UNIVERSIDADE FEDERAL DO PARANÁ. Sistema de bibliotecas. **Normas para apresentação de documentos científicos**. Curitiba: UFPR, 2007.

VALLE, Maria Helena Feres. **Vivências de pessoas com deficiência mental inseridas no mercado de trabalho**. 2004. 120f. Dissertação (Mestrado em Educação) – Setor de educação, Universidade do Estado do Rio de Janeiro, Rio de Janeiro, 2004.

VASH, Carolyn L. **Enfrentando a deficiência**: a manipulação, a psicologia, a reabilitação. São Paulo: Pioneira/USP, 1998.

BIBLIOGRAFIA COMPLEMENTAR

ARAÚJO, Tatiana de. **Educação e deficiência intelectual**: a qualificação profissional como mediadora para a inclusão social e constituição do sujeito. 2009. 124f. Dissertação (Mestrado em Educação) – Setor de Educação, Universidade de São Paulo, São Paulo, 2009.

BALTAR, Paulo *et al*. Evolução do mercado de trabalho e significado da recuperação do emprego formal nos anos recentes. *In*: DEDECCA, Claudio Salvatori; PRONI, Marcelo Weishaupt (org.). **Políticas públicas e trabalho**: textos para estudo dirigido. Campinas/SP: Unicamp.IE; Brasília/DF: MTE; Unitrabalho, 2006. p. 29-51.

BAUER, Martin W.; GASKELL, George (ed.). **Pesquisa qualitativa com texto, imagem e som**: um manual prático. 6. ed. Petrópolis, RJ: Vozes, 2007.

BRAGA, Andréa Luiza Curralinho *et al*. **Pessoas com deficiência:** um guia prático sobre os direitos das pessoas com deficiência. Curitiba: Universidade Positivo, 2009.

CESTARI, Ana Cássia Jorge. **Deficiência mental e o mercado de trabalho formal:** um estudo da visão dos empregadores, companheiros de trabalho e do próprio portador de deficiência mental. 2002. 107f. Dissertação (Mestrado em Educação do Indivíduo Especial) – Setor de Educação Especial, Universidade Federal de São Carlos, São Carlos, 2002.

DEDECCA, Claudio S.; PRONI, Marcelo W. (org.). **Políticas públicas e trabalho**: textos para estudo dirigido. Campinas/SP: Unicamp.IE; Brasília/DF: MTE; Unitrabalho, 2006.

LARAIA, Maria Ivone Fortunato. **A pessoa com deficiência e o direito ao trabalho**. 2009. 189f. Dissertação (Mestrado em Direito) – Setor de Direito, Pontifícia Universidade Católica de São Paulo, São Paulo, 2009.

LEITE, Márcia de Paula; NEVES, Magda de Almeida (org.). **Trabalho, qualificação e formação profissional.** São Paulo; Rio de Janeiro: Alast, 1998.

MASSON, Michelle Jomaa Bueno. **Educação e trabalho**: a constituição do trabalhador deficiente intelectual. 100 f. Dissertação (Mestrado em Educação) – Setor de Educação, Universidade Metodista de Piracicaba, Piracicaba, 2009.

MILLS, C. Wright. **A imaginação sociológica.** Rio de Janeiro: Zahar, 1982.

PARANÁ. **Resumo geral de produção por unidade intermediária de pessoas com deficiência, referência 1/2008 até 7/2010.** Intermediação de mão de obra: Sine, Curitiba, 2010. Disponível em: http://www.setp.pr.gov.br. Acesso em: 18 ago. 2010.

ROSA, Ênio Rodrigues. **O trabalho das pessoas com deficiência e as relações sociais de produção capitalista:** uma análise crítica da política de cotas no Brasil. 2008. 200f. Dissertação (Mestrado em Educação) – Setor de Educação, Universidade Estadual do Oeste do Paraná, Toledo, 2008.